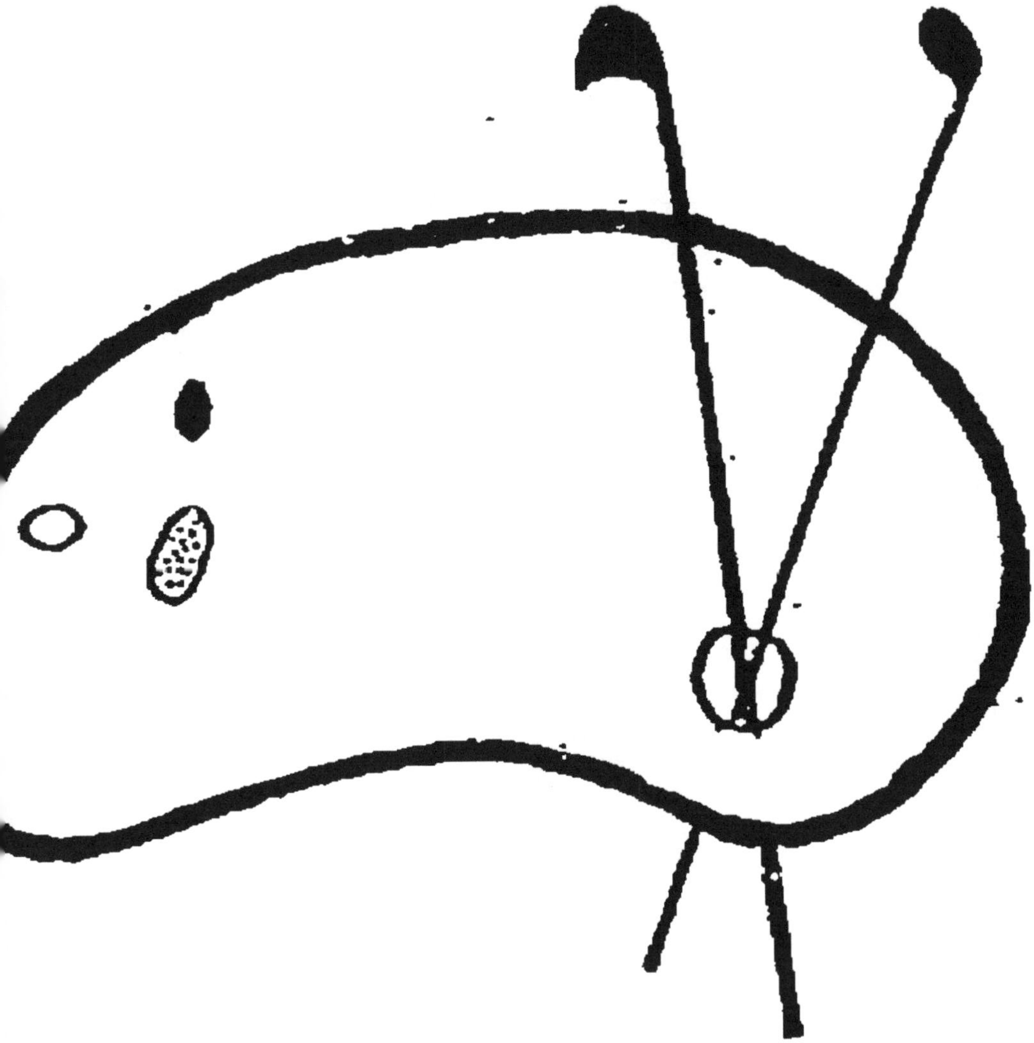

DEBUT D'UNE SERIE DE DOCUMENTS
EN COULEUR

22

PIÉTÉ FILIALE

ET

FRATERNELLE

PAR F. P. B.

TOURS

ALFRED MAME ET FILS

ÉDITEURS

BIBLIOTHÈQUE DES FAMILLES
ET DES MAISONS D'ÉDUCATION

FORMAT GRAND IN-8° — 3e SÉRIE

CHAQUE VOLUME EST ORNÉ D'UNE GRAVURE

Tours. — Imprimerie Mame.

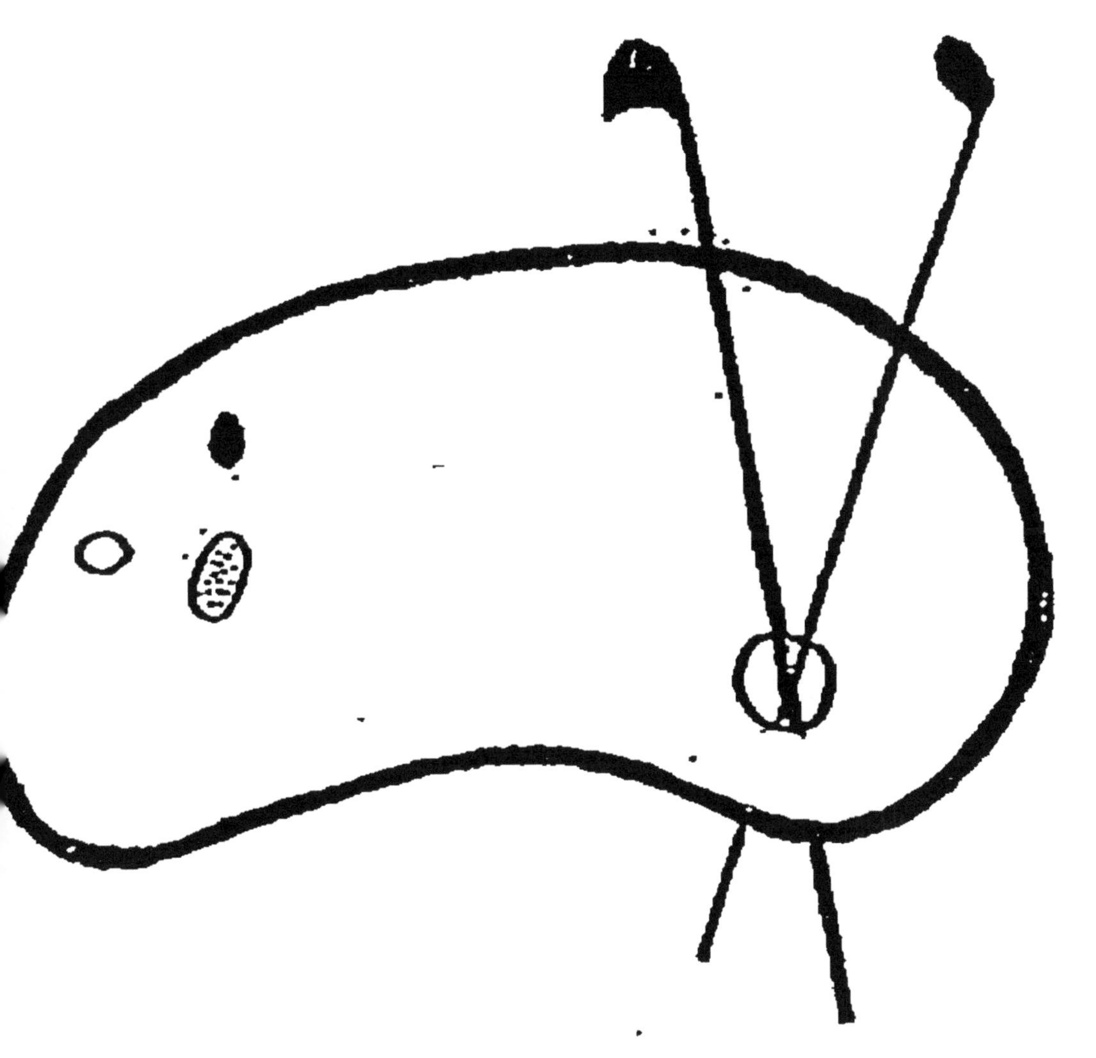

FIN D'UNE SERIE DE DOCUMENTS
EN COULEUR

PIÉTÉ FILIALE

ET

FRATERNELLE

3e SÉRIE GRAND IN-8°

Le brave officier, fils d'un paysan, présenta son père, en sabots, à son colonel.

PIÉTÉ FILIALE

ET

FRATERNELLE

PAR F. P. B.

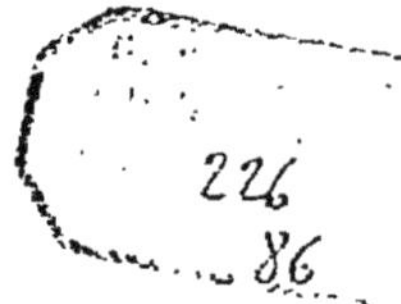

TOURS
ALFRED MAME ET FILS, ÉDITEURS

M DCCC LXXXV

PRÉFACE

Chers enfants,

Plusieurs motifs nous portent à vous offrir ce petit ouvrage. Le premier est de vous faire plaisir en vous entretenant de vos chers et bien-aimés parents, de ce bon père, de cette tendre mère, qui ne vivent, pour ainsi dire, que pour vous. Le second, c'est de vous prémunir contre les mauvais exemples qui pourraient un jour frapper vos regards, et causer de dangereuses impressions sur vos cœurs. C'est aussi pour vous fortifier contre les penchants de la nature et contre la force de certaines circonstances qui pourraient quelquefois vous porter à manquer à vos devoirs vis-à-vis de vos bons parents.

Oui, chers enfants, plusieurs jeunes gens aimaient leur père et leur mère tandis qu'ils étaient jeunes; ils les respectaient, leur obéissaient, leur rendaient les services que requéraient leurs besoins; mais malheureusement des exemples pernicieux, des tentations non surmontées ou combattues négligemment, des inclinations faibles d'abord, puis violentes, importunes, dangereuses, leur ont fait oublier ces devoirs, et ils sont devenus de mauvais fils en devenant de mauvais chrétiens.

Il n'en sera pas de même de vous, chers enfants; vous continuerez à faire le bonheur, la consolation de vos bien-aimés parents, par l'amour, le respect et l'obéissance que vous ne cesserez de leur porter, parce que vous connaîtrez vos principes religieux et les conserverez toujours gravés dans vos cœurs.

C'est dans cet espoir que nous vous engageons à lire avec attention le livre que nous vous offrons. Les avis qu'il contient vous seront utiles; les histoires vous amuseront, et en même temps elles vous porteront à la pratique de sublimes vertus : les unes embraseront votre cœur d'amour pour des parents qui vous sont si chers et qui vous aiment eux-mêmes si tendrement; les autres vous apprendront à voir en eux la personne de Dieu même et vous porteront à les respecter; elles vous rendront aussi l'obéissance douce et facile. D'autres encore vous montreront comment il faut assister ceux qui nous ont donné le jour, et qui ont pris tant de soins de notre faible enfance; comment il faut prier pour eux, et leur procurer dans leur vieillesse tous les moyens de se préparer à faire le voyage de ce monde passager à la bienheureuse éternité.

Nous terminerons cet intéressant volume en montrant combien il est doux, combien il est délicieux à des frères de vivre ensemble dans cette paix, dans cette concorde qui est comme un avant-goût du bonheur dont les bienheureux jouissent dans le ciel.

AMOUR AUX PARENTS

CHAPITRE I

DIEU EST NOTRE PÈRE

§ Ier

Chaque jour, mon cher enfant, levant les yeux au ciel, nous adressons à Celui qui y règne ces belles paroles : *Notre Père*.

Nous avons donc un père dans le Ciel ! Ce père, c'est Dieu ! c'est le créateur de l'univers, c'est le maître absolu de toutes choses ! Oui, c'est ce grand Dieu qu'il nous est permis d'appeler, non pas seulement du nom de Créateur, de Conservateur, mais encore de celui de *Père*, et nous pouvons nous dire ses enfants.

Oui, nous sommes véritablement les enfants de Dieu ! Que cette pensée est sublime ! qu'elle est admirable ! qu'elle est consolante pour notre avenir !

Pensée sublime ! ce n'est pas le plus grand monarque du monde qui est mon père, c'est le seul grand, le seul puissant, le seul éternel, le seul maître qui règne dans le ciel et sur la terre !

La domination des souverains de ce monde n'embrasse qu'une partie du globe, et elle finira bientôt ; celle de Dieu embrasse le ciel et la terre, le temps et l'éternité !

Pensée admirable et ravissante ! tout ce qui existe est l'ouvrage de mon Père : la terre et tout ce qu'elle contient, la mer et tout ce qu'elle renferme, les montagnes et les vallées, les arbres et leurs fruits délicieux, les plantes et les fleurs, le pain qui nous nourrit, l'air que nous respirons, sont un effet de sa bonté, sont l'ouvrage de ses mains !

Pensée consolante pour le temps et rassurante pour l'éternité ! Mon Père est tout-puissant, il peut tout ce qu'il veut, et il ne peut vouloir que mon bien, parce qu'il est la bonté même; que pourrait-il m'arriver? Celui qui nourrit les oiseaux du ciel et qui embellit les fleurs des champs pourrait-il abandonner son enfant qui le révère et qui l'aime? Pourrait-il permettre qu'il lui arrivât quelque chose de fâcheux, de nuisible? Non, car il nous assure lui-même qu'il ne tombera pas un seul cheveu de notre tête sans sa permission! O pensée consolante!

J'ai offensé quelquefois, il est vrai, ce grand Dieu, la sainteté par essence; mais il est mon Père..., il m'a pardonné! Il ne veut pas la mort de ses enfants, mais leur vie et leur bonheur!... Le ciel appartient à mon Père, sa bonté m'en mettra en possession comme d'un précieux héritage. Je serai donc un jour dans ce délicieux séjour avec mon Père, avec Marie ma mère, avec tous les élus! O pensée rassurante et consolante pour l'éternité!

L'orphelin.

Un pauvre enfant se trouvait un jour près d'un cimetière, où il versait des larmes en abondance; c'était là que reposaient les cendres de parents tendrement chéris. Il était devenu doublement orphelin depuis plusieurs années: il avait perdu sa bonne mère, et son père venait d'être aussi enlevé à son amour. Ah! que cet abandon lui parut dur et cruel! « Hélas! disait cet infortuné, je n'ai plus de père! La main qui travaillait pour moi et qui fournissait à ma subsistance se consume maintenant dans le tombeau. Jamais je ne verrai plus sur ses lèvres ce sourire affectueux qui réjouissait mon cœur lorsque j'étais sage et vertueux; sa bouche, d'où découlaient pour moi de si belles leçons, est fermée pour jamais. Personne qui m'aime autant que m'aimait ce bon père! Ah! qu'il est cruel de n'avoir plus ni père ni mère! » C'est ainsi que se lamentait ce pauvre orphelin; et il répandait des larmes abondantes sur la tombe de son père et sur celle de sa mère. Tout à coup ses yeux baignés de pleurs vinrent s'arrêter sur une croix. On y avait peint un ange, d'une main indiquant le ciel, et de l'autre tenant écrite cette belle prière: *Notre Père qui êtes aux cieux.* Paroles consolantes qui, comme un rayon céleste, descendirent subitement dans l'âme du pauvre orphelin, en chassèrent les ténèbres profondes qui l'enveloppaient et le remplirent de consolation. Il essuya ses larmes, il joignit ses petites mains et se mit à prier de nouveau : « Se peut-il, grand Dieu du ciel, que je vous aie sitôt oublié ? Vous me restez encore pour me servir de père ; je ne vous ai point perdu. Vous avez rappelé mon père vers vous, et maintenant vous allez me tenir sa place. Vous aimez encore plus les enfants que ne les aiment leurs pères selon la chair. Vous nous avez donné pour frère votre propre Fils, et par lui nous avons été admis au nombre de vos enfants ; c'est pourquoi, vous, mon Père, qui êtes dans les cieux, ne m'abandonnez pas, moi qui suis votre pauvre enfant resté sur la terre. Oui, j'en ai la confiance, vous prendrez soin de moi, et puis vous me conduirez au ciel ! » Ainsi pria l'orphelin ; il fut consolé, et le Père céleste prit soin de lui. Il ne devint pas, à la vérité, un homme riche ; mais, ce qui vaut infiniment mieux, il vécut heureux et content, et son Père, qui règne dans les cieux, l'aura assurément rendu riche dans l'éternité.

§ 2.

Dieu a fait part des droits qu'il a sur nous à ceux dont il s'est servi pour nous donner l'être et la vie.

Il aurait pu par lui-même nous créer, comme il créa nos premiers parents, Adam et Ève ; il ne l'a pas voulu, il s'est choisi des substituts de sa divine providence : ce sont nos pères et nos mères ; c'est sur eux qu'il a jeté les yeux pour nous donner l'existence, la vie dont nous jouissons. C'est donc ce père et cette mère qui sont pour nous les représentants de Dieu, oui, de Dieu lui-même.

Mais Dieu ne s'est pas borné à communiquer à nos parents une portion de sa puissance, de sa providence ; il leur a également communiqué une partie de ses droits sur nous : et, de même qu'il veut que nous lui rendions le juste tribut de nos hommages, il veut aussi que nous rendions à nos parents les devoirs que réclament les droits qu'il leur a imposés à notre égard : devoirs d'amour et de respect, devoirs d'estime et de soumission, devoirs de service et de reconnaissance, devoirs relatifs au corps et devoirs relatifs à l'âme, devoirs durant la vie, devoirs après la mort. C'est-à-dire que tout enfant doit aimer son père et sa mère, les respecter, leur obéir, supporter leurs défauts, les assister dans leurs besoins, prier pour eux pendant leur vie et après leur mort, et exécuter leurs dernières volontés.

Un Enfant courageux.

Un grand seigneur appartenant à l'une des premières familles d'Allemagne, malade depuis longtemps, à la suite d'une consultation suprême venait de s'entendre condamner par la faculté, dont, par bonheur, tous les arrêts ne sont pas infaillibles. Sincèrement pieux, plein de confiance en la Providence, il se préparait au terrible passage avec la courageuse sérénité du juste. Malgré sa résignation, toutefois, il ne pouvait se défendre d'un sentiment profondément douloureux à la vue de son épouse et de trois enfants en bas âge (l'aîné n'avait pas dix ans), dont il fallait se séparer. La pauvre mère, menacée d'être bientôt veuve, n'avait aucune expérience des choses de la vie, habituée jusqu'alors à se reposer uniquement du présent, comme de l'avenir, sur un époux qui se plaisait à la délivrer des moindres sollicitudes. A quelle main confier la protection des orphelins, et l'administration d'une grande fortune, se composant entièrement de terres, de fermes et de vastes forêts? Pouvait-on compter sur la prévoyance ou l'intégrité d'un étranger pour cette lourde tutelle? Cette pensée tourmentait le mourant, lorsque tout à coup son front s'éclaircit, un sourire glissa sur ses lèvres décolorées; une inspiration d'en haut sans doute était venue l'éclairer. Si mon aîné doit être un homme de cœur un jour, se dit-il, il faut que je le sache aujourd'hui même, et je mourrai plus tranquille. Il fait appeler l'enfant, qui se précipite, la figure baignée de larmes, dans les bras de son père, croyant l'embrasser pour la dernière fois. « Mon fils, tu le vois, Dieu m'appelle à lui; ma mort enlève à ta mère, à ta sœur, à ton frère, comme à toi, leur soutien naturel! Restés seuls, qu'allez-vous devenir? Qui me remplacera quand je ne serai plus là? ajouta-t-il en regardant son fils, que cette parole prononcée avec énergie avait fait tressaillir, et dont les larmes s'étaient arrêtées soudain. Mon fils, il faut que ce soit toi! Peux-tu me le promettre? Te sens-tu le courage d'accepter cette grande tâche quand l'heure fatale aura sonné? » Un éclair brilla dans les yeux de l'enfant, devenu pâle d'émotion : « Oui, père, je serai digne de ta confiance, digne de toi ! Ce saint devoir, je saurai le remplir ! Tu prieras Dieu qu'il me donne le courage nécessaire. — Merci, mon fils, merci. Maintenant je meurs en paix, dit le père, qui, transporté d'admiration, tint longtemps l'enfant pressé sur son cœur. Non, Dieu ne t'abandonnera pas ; et reçois, comme un dernier présent, ma bénédiction qui doit attirer la sienne. » Et l'enfant s'agenouilla sous la main de son père. Mais la Providence, touchée sans doute de la résignation du père comme des sentiments du fils, se contenta de cette épreuve, et n'exigea pas l'accomplissement du sacrifice. A la suite de cette scène touchante, et sous son heureuse influence, le mourant se sentit comme ranimé ; une crise favorable, qui tenait du miracle, vint donner un heureux démenti aux prédictions sinistres des médecins; bref, grâce à la Providence, le malade guérit. L'année suivante, le jour même où l'enfant atteignait sa onzième année, il se présenta devant son père et lui dit : « Le bon Dieu t'a souri, père; toutefois je n'ai point oublié ma promesse, et je viens te la renouveler. Laisse mon jeune frère choisir librement sa carrière. Quant à moi, je veux rester ici pour travailler à ton exemple, et prendre aussitôt que possible, afin qu'il te soit moins lourd, ma part du fardeau. » Nous n'essayerons pas de peindre la joie du père à cette démarche, cette fois non provoquée, et qui chez l'enfant trahissait, avec un noble cœur, la maturité précoce de la raison. Aussi, malgré son âge tendre, il vit dès lors en son fils le caractère d'un homme.

CHAPITRE II

UN ENFANT DOIT AIMER SON PÈRE ET SA MÈRE

L'amour d'un enfant pour son père et pour sa mère est un sentiment qui ne se définit pas; on le sent, on en éprouve les douceurs, mais le langage humain ne saurait l'expliquer.

Et, en effet, pourriez-vous, mon cher ami, dire ce que votre cœur éprouve en la présence de ce bon père, de cette mère si tendre pour vous? Sauriez-vous rendre ce que vous éprouvez de contentement, de félicité, lorsque vous pouvez vous jeter à leur cou et les couvrir de doux embrassements? Vous sentez votre bonheur, votre cœur est comme noyé dans de tendres émotions, vos yeux se remplissent de douces larmes; mais votre langue ne peut dire autre chose sinon que vous les aimez.

Oui, mon cher ami, aimez votre père, aimez votre mère; c'est le cri de la nature, c'est le cri de la reconnaissance, c'est le cri de la religion, c'est l'ordre de Dieu même.

Aimez votre père et votre mère, c'est le cri de la nature!

C'est la leçon que nous donnent à ce sujet même les animaux. Voyez ces petits poussins, comme ils s'attachent à la poule qui les fait éclore, quelle affection ils ont pour elle, quelle confiance en sa protection. Voyez ce tendre agneau, comme il comprend bien la voix de sa mère, avec quel empressement il se rend à sa première invitation, avec quelle affection il s'attache à elle. Écoutez les cris de douleur qu'il pousse lorsqu'on le sépare de celle qui lui a donné le jour. Voyez ces petits oiseaux privés de leur mère; ils ne peuvent plus ni boire, ni manger, ni dormir; plusieurs même dépérissent après une telle séparation; ils font entendre des cris plaintifs, et bientôt ils meurent de douleur.

Les trois Rats.

Voici ce que rapporte un officier, aussi judicieux que fidèle observateur des secrets de la nature.

« J'étais ce matin dans mon lit, occupé à lire. J'ai été interrompu tout à coup par un bruit semblable à celui que font des rats qui grimpent contre une cloison. J'ai observé attentivement : j'ai vu paraître, en effet, un rat sur le bord d'un trou; il a regardé de tous côtés, et ensuite il s'est retiré. Un moment après il a reparu : il conduisait par l'oreille un rat plus gros que lui, et qui paraissait vieux; l'ayant laissé sur le bord du trou, un autre jeune rat s'est joint à lui. Ils ont tous deux parcouru la chambre, ramassant des miettes de pain qui, au souper de la veille, étaient tombées de la table : ils les ont portées à celui qui était sur le bord du trou. Cette attention dans ces animaux m'a étonné. J'ai observé avec encore plus de soin. J'ai jugé que le rat auquel les deux autres portaient à manger était aveugle, parce qu'il ne trouvait qu'en tâtonnant le pain qu'on lui présentait. Je n'ai point douté que les deux jeunes ne fussent ses enfants et les pourvoyeurs assidus d'un père aveugle. J'admirais en moi-même la sagesse de la nature, qui a mis dans tous les animaux une intime tendresse, une reconnaissance, je dirais presque une vertu, proportionnée à leurs facultés. Tandis que je faisais ces réflexions, et que je craignais qu'on n'interrompît ces petits animaux, notre chirurgien-major a ouvert la porte de ma chambre. Les deux jeunes rats ont fait un cri, comme pour avertir l'aveugle, et, malgré leur frayeur, ils n'ont pas voulu se sauver avant que le vieux fût en sûreté. Ils sont rentrés dans le trou après lui, en servant, pour ainsi dire, d'arrière-garde. »

Si ce fait est vrai, et s'il est exact dans toutes ses circonstances, comme on ne peut guère en douter, quelle leçon pour l'homme! (*Journal encyclop.* de 1757.)

Aimez votre père et votre mère, c'est le cri de la reconnaissance.

O mon fils! s'écrie saint Ambroise, que ne devez-vous pas à celle qui vous a donné la naissance! Que de soins, que de services pénibles et répugnants ne vous a-t-elle pas rendus! Que de sollicitudes! que de privations! A combien de sacrifices ne s'est-elle pas condamnée pour assurer votre santé et votre avenir! Elle n'a été occupée que de vous; elle n'a, pour ainsi dire, vécu que pour vous!

Et ce père laborieux, voyez comme il s'inquiète, comme il s'agite, comme il travaille! il arrose sans cesse de ses sueurs le travail de ses mains; il s'expose à toutes les rigueurs des saisons; il va, il vient, il est toujours en action; il s'use, il se consume pour vous élever, pour vous procurer un bien-être, pour se dépouiller bientôt en votre faveur, et vous laisser vivre en quelque sorte de sa propre substance.

Oh! mon cher enfant, quelle tendre affection ne devez-vous donc pas à des parents qui vous en témoignent une si tendre, si généreuse, si effective!

Non, votre amour pour vos parents ne sera jamais ni trop tendre, ni trop vif, ni trop affectueux, pourvu qu'il ne soit ni opposé ni supérieur à celui que vous devez à Dieu. Et, en effet, pourrions-nous assez aimer un père, une mère, qui nous ont aimés si tendrement et si constamment! Oh! n'oublions pas surtout que l'amour ne peut se payer que par l'amour! Cherchons, par tous les moyens que Dieu peut agréer, à leur faire plaisir, à les payer d'une juste reconnaissance : épanchements de cœur, paroles douces, manières aimables, airs gracieux, services affectueux, mettons tout en œuvre pour leur être agréables.

La Poudrière.

On se souviendra longtemps du désastre épouvantable occasionné en 1795, à Grenelle, par l'explosion subite de la poudrière. Lorsque cinq cent milliers de poudre à canon, sautant tout à coup en l'air, ébranlaient la ville et les faubourgs de Paris jusque dans leurs fondements; lorsque cette foudre déchaînée déchirait et dispersait au loin les membres palpitants de dix-huit cents ouvriers, chacun fut frappé d'une terreur soudaine et trop fondée.

Dans ce moment de désolation, un enfant de douze ans était en pension à une lieue de sa mère, qui demeurait à Vaugirard. Tout tremblant, sans chapeau et à moitié vêtu, il court d'une haleine chez ce qu'il a de plus cher au monde.

Quel bonheur pour ce jeune enfant! Il s'était figuré sa mère engloutie sous les ruines..., et le premier objet qu'il rencontre, c'est elle-même qui lui tend les bras. Il se précipite en pleurant dans les siens, et il la serre contre son cœur sans pouvoir proférer une seule parole, tant il est saisi de terreur et de joie.

Il était bouillant et baigné de sueur. On s'empressa pour lui faire prendre quelque chose, afin de prévenir les suites de l'état où il se trouvait. Mais alors il se souvint qu'il était parti de sa pension sans en avertir personne. « Maman, dit-il, j'ai oublié de demander la permission à mon maître; je désirerais m'en aller, à présent que je ne suis plus inquiet de vous. »

Et, afin de concilier tous ses devoirs à la fois, sans vouloir même prendre le temps de manger un peu ni de changer de linge, le sensible enfant se dérobe aux caresses de sa mère, et s'en retourne aussi promptement qu'il est venu.

Aimez votre père, aimez votre mère, c'est la volonté de Dieu.

N'oublions pas, cher ami, que Dieu ne s'est pas contenté de faire participer nos parents à sa puissance, en se servant d'eux pour nous donner la vie, et à son autorité, en leur imposant l'obligation de nous élever et de nous conduire dans le chemin de la vertu, mais qu'il leur a aussi donné une part légitime à l'amour que nous lui devons à lui-même. Et, en effet, comment se ferait-il qu'il nous eût ordonné d'aimer notre prochain, et même nos ennemis, c'est-à-dire ceux qui nous font ou qui voudraient nous faire du mal, et qu'il n'eût pas mis au premier rang, dans le précepte de la charité, ceux qui nous ont fait tant de bien, c'est-à-dire ce tendre père, cette bonne mère? Oui, Dieu veut que nous les aimions, et qu'après lui ce soient les objets les plus chers à nos cœurs; il veut qu'au seul nom de père et de mère nos cœurs se sentent émus des sentiments de l'amour le plus tendre et de l'affection la plus sincère; il veut que cet amour soit si ardent, si profond et si vrai, qu'il nous mette au-dessus des sacrifices même les plus pénibles, si les circonstances les exigent. Mais pourquoi parler de sacrifices lorsque l'amour d'un père et d'une mère remplit le cœur d'un fils bien né? Cet amour ne rend-il pas tout facile et tout agréable?

Le grand Capitaine.

Les grands exploits d'Épaminondas, et surtout la victoire de Leuctres, avaient attiré sur lui les yeux et l'admiration de tous les peuples voisins. On le regardait comme l'appui et le restaurateur de Thèbes, comme le triomphateur de Sparte, comme le libérateur de toute la Grèce, en un mot, comme le plus grand homme, le plus grand capitaine qui eût jamais été. Au milieu de cet applaudissement général, si capable de causer dans les âmes vulgaires une espèce d'enivrement, qui fait oublier ce qu'on est et ce qu'on doit aux autres, Épaminondas, moins sensible à la gloire qu'à l'honneur qui en rejaillissait sur ses parents : *Ma joie*, dit-il, *est celle que je sais que va causer à mon père et à mère la nouvelle de ma victoire.*

Qui n'admirera une si belle façon de penser? Et l'histoire a-t-elle rien de plus digne d'être transmis à la postérité que de pareils sentiments, qui font tant d'honneur aux grands hommes?

Aimez votre père et votre mère, c'est le cri de la religion.

S'il est impossible à tout homme d'aimer Dieu sans aimer le prochain, on peut dire, avec beaucoup plus de raison, que nul enfant ne saurait aimer Dieu, ni par conséquent être dans la voie du salut, s'il n'aime son père et sa mère, *après Dieu,* de toute l'effusion de son âme! Non, jamais la religion n'avouera pour son enfant celui qui manque à un devoir si essentiel, qui foule aux pieds la seconde obligation de la loi, qui n'aime pas ceux dont Dieu s'est servi pour lui donner la vie.

Mais cet amour ne doit pas être seulement dans le cœur, il faut qu'il se manifeste au dehors dans toutes les occasions. C'est par des attentions et des complaisances, par des paroles douces et respectueuses, par l'empressement à leur plaire, à entrer dans leurs vues, à ne leur deplaire en rien, que les enfants font connaître s'ils aiment véritablement celui qu'ils appellent *mon père,* celle qu'ils appellent *ma mère.*

Un Ami.

M. D... sortait de l'office divin avec son fils Charles, jeune homme d'environ quinze ans. Le temps, délicieux, semblait inviter à la promenade. « Prends un de tes amis, dit le père à son fils, et allez ensemble respirer le bon air de la campagne. — O mon père, que dites-vous là : un de mes amis? mais je n'en ai qu'un seul! — Et quel est-il? » reprend le père. Alors le jeune Charles, sautant au cou de son père, répondit en l'étreignant de toutes ses forces : « Le voilà, mon ami, mon tendre ami, mon seul ami, dit-il ; je n'en veux pas d'autres, et jamais je n'en aurai d'autres. » Exprimer le bonheur de cet heureux père pendant une scène pareille serait chose impossible ; aussi ne se possédait-il pas de joie et de contentement, et dès le soir de ce jour tous ses voisins avaient appris de sa bouche ce qui venait de se passer.

Voilà, mon cher ami, comment un fils doit aimer ses parents. Voilà comment il doit leur témoigner les sentiments dont son cœur est pénétré.

AUTRES EXEMPLES

Le Voyageur.

Un jeune homme qui travaillait à Bordeaux, ayant appris que sa mère était dangereusement malade, et qu'elle n'avait personne pour la soigner, se sentit tellement frappé du désir de la voir, de l'embrasser encore une fois avant qu'elle mourût, que, sans se donner le temps de passer à son logis pour prendre de l'argent afin de faire son voyage, il courut à l'embarcadère du chemin de fer, persuadé qu'on lui fera crédit lorsqu'on saura qu'il va voir sa mère malade. Hélas! il se trompait. Le distributeur des cartes le reçut avec toute l'honnêteté convenable; mais il lui représenta qu'il était obligé de subir le contrôle de sa recette, et qu'ainsi il ne pouvait faire crédit à personne, bien qu'il lui parût le plus honnête garçon du monde. A ce refus, le pauvre jeune homme se sent presque défaillir; il n'a de force et de connaissance que pour crier: « O ma mère, ma pauvre mère, vous serez morte avant mon arrivée. Je ne verrai donc plus ma mère, ma tendre mère! » Touché de pitié, et saisi lui-même au cœur, un employé aux travaux de la gare s'avance et lui adresse la parole: « Camarade, lui dit-il, voici les neuf francs qu'il te faut pour aller voir ta mère; je te les donne au nom de ma mère, que j'aime beaucoup aussi. Oh! si je la savais malade comme la tienne, je donnerais tout ce que j'ai pour aller la voir et l'embrasser. Prends vite ton billet, parce que le convoi va partir. » A ces mots les forces lui reviennent, et, sans presque songer à remercier son bienfaiteur, ce tendre fils court au guichet, et de là vers le convoi, qui déjà se mettait en marche.

Le voilà donc en route; mais dans quel état de peine et d'anxiété! « O ma mère, disait-il à voix basse, ô ma mère! aurai-je le bonheur de vous voir encore une fois? » Les voyageurs, attendris eux-mêmes à la vue de cet édifiant spectacle, cherchaient à le calmer, mais vainement: il n'avait point d'oreilles pour les entendre; il n'avait qu'un cœur pour aimer sa mère, et une langue pour conjurer le Ciel de la lui conserver. Arrivé au terme de son voyage, ce fut l'affaire d'un moment pour se rendre au quartier habité par celle qu'il désirait tant de voir. Cependant plus il avançait, plus il tremblait. Il semblait que tous ceux qui s'offraient à sa vue, à ses yeux mouillés de larmes, lui donnaient des nouvelles de sa mère ; que les uns lui apprenaient sa mort, que les autres lui donnaient de consolants espoirs. Enfin ses vœux sont accomplis ; le Ciel veut récompenser ses beaux sentiments. On lui dit que sa mère vit encore, qu'elle pourra le voir, le reconnaître, et même lui parler! « O Dieu, je vous remercie, s'écrie-t-il, je verrai ma mère ! » Et le voilà penché sur le lit de sa chère malade. Il la serre dans ses bras, l'arrose de ses larmes et lui adresse les paroles les plus tendres, les plus dévouées, mais en même temps les plus pieuses et les plus résignées.

Il eut le bonheur de la posséder encore plusieurs jours, de lui prodiguer ses soins et le jour et la nuit, d'assister à l'attendrissante cérémonie de l'administration des derniers sacrements. Enfin, le moment suprême étant arrivé, il reçut le dernier soupir de celle à qui, après Dieu, il était redevable de la vie.

Le Seigneur ne tarda pas à récompenser une si admirable piété filiale. Le jeune ouvrier, voulant mettre quelque ordre dans le petit ménage de sa défunte mère, trouva une jolie petite somme de 12,000 francs qu'elle avait réservée à son cher enfant. La boîte qui les contenait portait ces mots : *A mon tendre fils.*

On comprend bien qu'à son retour à la gare de Bordeaux, le voyageur n'eut rien de plus pressé que d'aller retrouver son cher bienfaiteur pour lui raconter ses aventures et lui remettre non seulement les neuf francs qu'il en avait reçus, mais dix fois autant. Ce fut alors qu'on vit s'établir entre ces deux honnêtes ouvriers un généreux combat. Le prêteur se trouvait trop heureux d'avoir fait une œuvre qui avait eu de si heureux résultats ; le cœur du voyageur lui disait trop haut ce qu'il devait à ce brave employé. Enfin il fut convenu que le premier accepterait les neuf francs prêtés et un simple déjeuner le dimanche suivant, afin de resserrer de plus en plus les nœuds d'une sincère amitié.

Ce digne fils, au moyen de son héritage, se procura un petit commerce, et il n'oublia jamais les leçons de sa mère ; toujours il sut unir l'activité aux saintes pratiques de la religion, et Dieu bénit ses travaux.

M. Dellegran.

Pendant les troubles révolutionnaires, M. Dellegran fut arrêté dans la ville de Lyon, et reçut, pendant sa captivité, les soins empressés de sa fille. L'ordre étant donné de le transférer à Paris, à la Conciergerie, la jeune personne demanda à être admise dans la voiture qui conduisait son père. Cette grâce lui ayant été refusée, sans consulter ses forces, Mlle Dellegran suivit, de Lyon à Paris, le chariot sur lequel l'auteur de ses jours était placé, tâchant de lui procurer tout ce qui pouvait adoucir sa position. Arrivés à Paris, il fallut se séparer, et elle trembla que ce ne fût pour toujours. Pendant trois mois, la pauvre enfant ne cessa de solliciter toutes les personnes qu'elle crut pouvoir intéresser au sort de son père ; souvent elle venait s'asseoir sur le sol de la prison, pour se rapprocher de lui. Enfin, après des démarches inouïes, elle eut le bonheur d'obtenir cette liberté si désirée. Munie de l'ordre qui l'assurait, elle vole à la prison, et se précipite dans les bras de son père, en lui annonçant cette heureuse nouvelle. Ses fers brisés, elle le ramenait en triomphe dans sa famille ; mais elle succomba, et ne put être témoin de l'allégresse que devait causer ce retour si inespéré.

La jeune Villageoise.

Le roi de Suède Gustave, traversant un village à cheval, aperçoit une jeune paysanne qui puisait de l'eau à la fontaine. Gustave s'approche d'elle, et lui demande à boire. Elle lui en présente avec les grâces touchantes et naïves qu'elle tenait de la seule nature. « Belle enfant, lui dit le prince, si vous vouliez me suivre à Stockholm, je pourrais vous y procurer un sort agréable. — Quand bien même, lui répondit la paysanne, j'aurais autant de désir de faire fortune que de confiance en vos promesses, il ne me serait pas possible d'accepter votre proposition. Ma mère, qui est pauvre et malade, n'a que moi pour la soulager, et rien au monde ne pourrait m'empêcher de remplir ce devoir. — Où est votre mère ? — Dans cette chétive cabane. » Le roi y entre, et voit sur un grabat, que couvrait un peu de paille, une femme accablée d'infirmités. Émor de ce spectacle, le prince lui dit : « Ah ! pauvre mère, que je vous plains ! — Hélas ! Monsieur, répond la malade, je serais bien plus à plaindre sans cette fille tendre et généreuse, qui, par son travail et par ses soins, cherche à prolonger mes jours. Que Dieu la bénisse et la récompense ! » ajouta-t-elle en répandant des larmes. Gustave ne fut peut-être jamais plus sensible au plaisir d'être élevé au rang suprême que dans ce moment, où son cœur attendri passait successivement de l'admiration à la pitié. « Continuez, dit-il en remettant une bourse à la jeune villageoise, continuez d'avoir soin de votre mère, je vous procurerai bientôt de quoi le faire encore mieux. Adieu, aimable fille, je suis votre roi. » De retour à Stockholm, ce monarque assura à la mère une pension viagère réversible à sa vertueuse fille.

Le Fils d'un Chinois.

Un Chinois avait été condamné à mort pour divers crimes dont il s'était rendu coupable. Le fils de ce malheureux, apprenant sa condamnation, alla se jeter aux pieds du gouverneur, et le conjura d'accepter l'offre qu'il faisait de mourir à la place de son père. Le mandarin questionna beaucoup le jeune homme, pour savoir si c'était de son propre mouvement qu'il parlait de la sorte. Quand il se fut assuré de la sincérité de ses sentiments, il en écrivit à l'empereur, qui envoya la grâce du père et un titre d'honneur pour le fils. Mais celui-ci refusa constamment cette distinction, disant que le titre dont il serait décoré rappellerait sans cesse au public le souvenir de la faute de son père. L'empereur, admirant une si délicate façon de penser, voulut avoir ce jeune homme à la cour : il en prit un soin particulier, et, dans la suite, son mérite personnel l'éleva à la dignité de ministre d'État.

Deux Captifs.

On venait de racheter quelques esclaves chrétiens dans la ville d'Alger. Au moment où ils allaient partir, un corsaire arriva dans le port avec une prise suédoise. Parmi le nombre des prisonniers, il se trouva le père d'un des captifs rachetés. Ils se reconnurent, et volèrent dans les bras l'un de l'autre, les yeux baignés de larmes. Le jeune homme, touché du malheur de son père, qui était déjà vieux, et dont l'esclavage ne pouvait qu'abréger les jours, pria les Algériens de lui permettre de prendre la place du vieillard. « Je suis plus robuste, ajouta-t-il, et plus propre aux travaux qu'on exige des esclaves. » On y consentit. Mais le dey, ayant appris cette belle action, ne voulut pas que ce fils généreux restât dans les fers. Il ordonna son renvoi et celui de son père.

Pline.

Dans la fameuse éruption du mont Vésuve qui occasionna la mort de Pline le Naturalisse, son neveu, Pline le Jeune, était avec sa famille à Misène, ville peu éloignée de ce volcan. Tous les habitants cherchaient leur salut dans la fuite. Pline seul redoutait peu pour lui-même le danger qui l'environnait, il ne songeait qu'à sauver les jours de sa mère. Elle le conjurait de fuir sans elle d'un lieu où sa perte était assurée; elle lui représentait que son grand âge et ses infirmités ne lui permettaient pas de le suivre, et que le moindre retardement les exposait à périr tous deux. Ses prières furent inutiles, et Pline aima mieux mourir avec sa mère que de l'abandonner dans un péril si pressant. Il l'entraîna malgré elle. Déjà la cendre tombait sur eux; les vapeurs et la fumée, dont l'air était obscurci, faisaient du jour la nuit la plus sombre. Ensevelis dans les ténèbres, ils n'avaient, pour guider leurs pas tremblants, que la lueur du feu qui les menaçait et des flammes qui les entouraient. Mais rien ne put ébranler la constance de Pline, ni l'obliger de pourvoir plus promptement à sa sûreté en abandonnant sa mère. Il la consola, il la soutint, il la porta dans ses bras : sa tendresse le rendit capable des plus grands efforts. Le Ciel récompensa une action si louable : il conserva à Pline une mère plus précieuse pour lui que la vie qu'il tenait d'elle, et à la mère un fils si digne de son amour.

Casa-Bianca.

L'armée d'Égypte avait opéré une partie de son débarquement dans le port d'Alexandrie ; nos vaisseaux mouillaient devant Rosette, non loin des côtes, lorsque le 1er août, vers trois heures du matin, la flotte anglaise, commandée par l'amiral Nelson, parut devant notre escadre. Un combat terrible s'engagea, Casa-Bianca, ancien député, reçoit à l'épaule un coup de fusil qui lui fit perdre connaissance dans les bras de son fils; celui-ci, âgé de dix ans seulement, combattait à ses côtés depuis le commencement de l'action, et montrait une force et une valeur au-dessus de son âge. Pour comble de malheur, le feu prend au vaisseau. Pressé de toutes parts, le vice-commandant ne voit plus d'autre salut que dans une prompte retraite ; il ordonne au jeune Casa-Bianca de se glisser aussitôt dans une chaloupe et de se soustraire à l'ennemi. Mais cet enfant, toujours avec la même présence d'esprit, répond qu'il veut auparavant sauver son père, ou qu'il mourra avec lui. Et c'est au milieu du péril le plus imminent, c'est au moment où les bordées de l'ennemi couvrent de boulets le vaisseau, dont les flammes dévoraient les mâts, les haubans, tous les agrès, et que l'eau y refluant par en bas menaçait de tout engloutir ; c'est dans ce moment d'horreur que cet enfant courageux veille sur son père, qu'il étanche son sang, qu'il réunit ses forces pour le placer sur un matelas, après l'avoir fortement lié à un mât abattu ! Enfin il s'y fait attacher à son tour, entre lui et le commandant de l'escadre ; puis cinq matelots restés sur le bâtiment les lancent ainsi au milieu de la mer, car il n'y avait plus de barques pour les recevoir. Mais, hélas ! au moment où ces infortunés avaient un rayon d'espérance, au moment où le jeune Casa-Bianca tendait ses mains suppliantes vers un navire peu éloigné, et allait avoir le bonheur et la gloire de sauver son père, *l'Orient,* vaisseau de cent vingt pièces de canon, saute en l'air avec une détonation formidable, et les débris fumants du navire, retombant comme une montagne, forment un gouffre immense au sein de la mer ensanglantée. Casa-Bianca, son malheureux fils et le commandant y demeurent engloutis.

Sara.

« Brave homme, qu'est-ce qui vous afflige ? — Hélas ! Monsieur, n'avez-vous pas vu ma fille ? » Celui qui me répondait ainsi était un pauvre vieillard aveugle, assis sur un tronc d'arbre, près d'une fontaine. Sa besace, son front chauve, le bâton sur lequel il s'appuyait, ses bras débiles et son corps courbé par le temps, ses yeux clos, sa voix plaintive, tout cela me fit croire que la Providence éprouvait un de ses enfants en paraissant l'oublier. La fontaine seule qui coulait près de lui avec un doux murmure me paraissait sensible à sa douleur! Ce pauvre soupira, et me fit son histoire en peu de mots. Il avait travaillé quarante ans à la sueur de son visage, pour amasser quelques centaines d'écus qu'il avait perdus dans les banqueroutes, et il n'avait pu se relever de ces cruels échecs. « Il y a dix ans que je n'existe plus, continua-t-il en me montrant du doigt la place de ses yeux; il y a dix ans que tous les jours je demande à la terre mon dernier tombeau, et que je voudrais jeter loin de moi les restes de ma vie. Tant de malheureux ont du moins l'espérance! à moi seul il n'en reste plus! — Bon vieillard, ne perdez pas tout espoir, on vous secourra, vous pourrez encore être heureux. — Encore heureux!... On me secourra! Ah! Monsieur! tout le pouvoir des plus grands potentats me donnera-t-il un rayon de lumière? » Cette réponse me frappa si fort, que je me tournai vers le soleil pour m'assurer que je le possédais. Il garda un moment le silence en appuyant ses mains sur son bâton, et en penchant sa tête vers la terre. Puis avec un profond soupir : « Sans ma fille, ah! sans elle, il y a longtemps que je ne me plaindrais plus; mais quand je voudrais finir ma misérable vie, quand je voudrais qu'elle me laissât mourir de faim, la pauvre enfant pleure, embrasse mes genoux, m'appelle son père, son bon père, tant de fois!... d'un ton si tendre!... Et cependant elle ne revient pas, ma fille! Ma fille, ma chère enfant, me laisseras-tu mourir ici sans t'avoir embrassée une dernière fois? » Sa fille alors arrivait hors d'haleine : elle avait été quêter au loin pour son infortuné père. Sa vue réveilla en moi des sentiments de pitié, d'admiration et même de respect : tant la piété filiale me ravissait dans cette pauvre enfant! Oh! si quelque coup du sort m'eût fait rencontrer une parente sous ces pauvres haillons, je n'en aurais pas rougi, même en public. « Est-ce toi, chère Sara, est-ce toi? dit le vieillard tendant ses bras chancelants, incertains, qui cherchaient sa fille au défaut de ses yeux. Où es-tu, que je te serre contre mon cœur?... Te voilà! tu tardais tant à venir que je ne savais que penser. J'ai craint un moment de rester seul. » Sara s'approcha alors, baisa le front de son respectable père, et mouilla d'une larme ses cheveux blancs.

Robert.

Un jeune homme, nommé Robert, attendait sur le rivage, à Marseille, que quelqu'un entrât dans son batelet. Un inconnu s'y plaça ; mais, un instant après, il se préparait à en sortir malgré la présence de Robert, qu'il ne soupçonnait pas d'en être le patron. « Puisque le conducteur de la barque ne paraît pas, dit-il, je vais passer dans une autre. — Monsieur, dit Robert, celle-ci est la mienne ; voudriez-vous sortir hors du port ? — Non, il n'y a plus qu'une heure de jour ; je voudrais seulement faire quelques tours dans le bassin pour jouir de la fraîcheur et de la beauté de la soirée... Mais vous n'avez ni l'air ni le ton d'un marin. — En effet, Monsieur, je ne le suis pas. C'est le besoin d'argent qui me fait faire ce métier les jours que je suis libre. — Quoi ! avare à votre âge ! Cela est honteux, dépare votre jeunesse, diminue l'intérêt qu'inspire d'abord votre heureuse physionomie. — Ah ! Monsieur, si vous saviez pourquoi je désire si fort gagner de l'argent, certes, vous n'ajouteriez pas à ma peine celle de me croire un caractère si bas. — J'ai pu vous faire tort, mais vous ne vous êtes point expliqué. Allons, faisons notre promenade et racontez-moi votre histoire. » Et, après s'être assis, l'inconnu poursuit : « Eh bien ! dites-moi quelles sont vos peines ; vous m'avez disposé à y prendre part. — Je n'en ai qu'une, dit le jeune homme, celle d'avoir un père tendrement aimé gémissant dans les fers. Hélas ! qui connaît le terme de cette peine ! Mon père était courtier dans cette ville ; il s'était procuré, de ses épargnes et de celles de ma mère, un intérêt sur un vaisseau en charge pour Smyrne. Il a voulu veiller lui-même à l'échange de sa pacotille et en faire le choix. Le vaisseau a été pris par un corsaire et conduit à Tétuan, où mon malheureux père est esclave avec le reste de l'équipage. Il faut six mille francs pour sa rançon ; mais comme il s'était épuisé, afin de rendre son entreprise plus importante, nous sommes bien éloignés d'avoir cette somme. Cependant ma mère et mes sœurs travaillent jour et nuit ; j'en fais autant chez mon maître, dans l'état de joaillier que j'ai embrassé, et je cherche à mettre à profit, comme vous le voyez, mes moments libres. Nous nous sommes retranchés jusque sur les besoins de première nécessité; une seule petite chambre forme tout notre logement. Je croyais d'abord aller prendre la place de mon père et le délivrer en me chargeant de ses fers; j'étais prêt de mettre ce projet à exécution, lorsque ma mère, qui en fut informée, je ne sais comment, m'assura qu'il était aussi impraticable que chimérique, et fit défendre à tous les capitaines du Levant de me prendre sur leur bord. — Et recevez-vous quelquefois des nouvelles de votre père? Savez-vous le nom de son patron à Tétuan, quel traitement il y éprouve? — Son patron est intendant des jardins du roi; on le traite avec humanité, et les travaux auxquels on l'emploie ne sont pas au-dessus de ses forces. Mais c'est notre père; il est si bon, et nous ne sommes pas là pour le consoler, pour le soulager; il est éloigné de nous, d'une épouse chérie, de trois enfants qu'il aime tendrement. — Quel nom porte-t-il à Tétuan? — Il n'en a pas changé, il s'appelle Robert comme à Marseille. — Robert... à Tétuan... chez l'intendant des jardins? — Oui, Monsieur. — Votre malheur me touche, mon bon ami; mais, d'après vos sentiments qui le méritent, j'ose vous présager un meilleur sort, et je vous le souhaite bien sincèrement. En jouissant du frais, je voudrais me livrer à la solitude; ne trouvez donc pas mauvais, mon ami, que je sois tranquille un moment.»

Lorsqu'il fut nuit, Robert eut ordre d'aborder. Alors l'inconnu sort du bateau, lui remet une bourse entre les mains, et, sans lui laisser le temps de le remercier, s'éloigne avec précipitation. Il y avait dans cette bourse 400 francs presque tout en or. Une telle générosité donna au jeune homme la plus haute opinion de celui qui l'avait écouté avec tant d'intérêt. Mais ce fut en vain qu'il s'efforça de le rejoindre, en vain il fit des vœux pour le rencontrer, afin de lui témoigner toute sa gratitude.

Six semaines s'écoulèrent après ce fait remarquable, et cette bonne famille continuait avec zèle et sans relâche à travailler pour compléter la somme dont elle avait besoin. Elle prenait un jour un dîner frugal, composé de pain et d'amandes sèches, dans la chambre étroite qui faisait toute sa demeure. Un homme arrive, il la surprend dans sa douleur et dans sa misère; il est très proprement vêtu. Grand Dieu!... c'est le père de la famille, c'est Robert! Qu'on juge de l'étonnement de la femme et des enfants, de leur transport, de leur joie, des larmes que fait couler leur bonheur. Le bon Robert se jette dans leurs bras, les embrasse et les embrasse encore une fois ; il s'épuise en remerciements sur les douze cents francs qu'on lui a comptés en s'embarquant dans le vaisseau où son passage et sa nourriture étaient acquittés d'avance, sur les habits qu'on lui a fournis, etc. ; il ne sait comment reconnaître tant de sollicitude et tant d'attention de la part de sa pauvre famille.

Une nouvelle surprise s'était emparée de la mère et des enfants ; ils ne comprenaient pas ce langage, ils se regardaient les uns les autres. La mère enfin rompt le silence : elle s'imagine que c'est son fils qui a tout fait sans rien dévoiler ; elle raconte au père avec quel zèle, dès le commencement de son esclavage, il a voulu aller prendre sa place et comment elle l'en avait empêché. « Il fallait six mille francs pour la rançon, poursuit-elle, nous en avions un peu plus de la moitié, dont la meilleure partie provenait du fruit de son travail ; il aura trouvé des amis qui l'auront aidé. » Tout à coup, rêveur et taciturne, le père consterné s'adresse à son fils : « Malheureux ! qu'as-tu fait ? Comment puis-je te devoir ma délivrance sans la regretter ? Comment pouvait-elle rester un secret pour ta mère sans être achetée au prix de la vertu ? A ton âge, fils d'un infortuné, d'un esclave, on ne se procure pas naturellement les ressources qu'il te fallait. Je frémis de penser que l'amour filial ait pu te rendre coupable. Rassure-moi, sois sincère, ne me déguise pas la vérité ; aurais-tu cessé d'être honnête ? — Tranquillisez-vous, cher père, s'écria le vertueux enfant en se jetant à son cou et l'embrassant, votre fils n'est pas indigne de ce titre, ni assez heureux pour avoir pu vous prouver combien il lui est cher en effectuant votre retour à la liberté, car ce n'est pas à moi que vous la devez ; je connais votre bienfaiteur, oh ! oui, je le connais. Souvenez-vous, ma mère, de cet inconnu qui me donna sa bourse, de toutes les questions qu'il me fit : — Où était mon père ? comment s'appelait-il ? quel était son patron ? Je passerai ma vie à le chercher, il faudra bien que je le trouve, et il viendra jouir du spectacle de ses bienfaits. » Ensuite ce cher enfant raconta à son père l'histoire de l'inconnu, et lui rendit la tranquillité et la joie en le rassurant sur ses craintes.

Rendu à sa famille, l'honnête Robert trouva des amis et des

secours. Les succès surpassèrent ses espérances. Au bout de deux ans, il acquit une certaine aisance; ses enfants, qu'il avait établis, partageaient son bonheur avec lui et avec sa femme. Il eût été sans mélange, si les recherches continuelles du fils avaient pu lui faire découvrir ce bienfaiteur qui se dérobait avec tant de soins à leur reconnaissance et à leurs vœux. Cependant il ne discontinuait pas de le chercher; il désespérait d'arriver à ses fins, lorsqu'un dimanche matin, se promenant sur le port: *Ah! mon dieu tutélaire!* s'écria-t-il; et il se jetait aux pieds de son bienfaiteur, qu'il venait enfin de rencontrer. Il n'en put dire davantage; car il tomba évanoui, sans connaissance. L'inconnu s'empressa de le secourir, et lui demanda ensuite la cause de son état. « Quoi! Monsieur, pourriez-vous l'ignorer? répondit le jeune homme; avez-vous oublié Robert et sa famille infortunée, que vous rendîtes à la vie en lui rendant leur père? — Vous vous méprenez, mon ami, je ne vous connais pas, et vous ne sauriez me connaître: étranger à Marseille, je n'y suis que depuis quelques jours. — Tout cela peut être; mais souvenez-vous qu'il y a vingt-six mois que vous y étiez aussi. Rappelez-vous cette promenade dans le port, l'intérêt que vous prîtes à ma position, les questions que vous me fîtes sur les circonstances qui pouvaient vous éclairer et vous donner les lumières nécessaires pour devenir notre bienfaiteur. Libérateur de mon père, sachez que vous êtes le sauveur d'une famille entière qui ne désire plus rien que votre présence. Je vous en prie, ne vous refusez pas à ses vœux, et venez voir les heureux que vous avez faits... Venez... — Je vous l'ai déjà dit, mon ami, vous vous méprenez. — Non, non, Monsieur, je ne me trompe pas: vos traits sont trop profondément gravés dans mon esprit et dans mon cœur pour que je puisse vous méconnaître. Venez, de grâce, venez. » En même temps il le prenait et lui faisait une sorte de violence pour l'entraîner. La foule s'assemblait autour d'eux; alors l'inconnu, d'un ton plus ferme: « Monsieur, dit-il, cette scène commence à me fatiguer. Quelque ressemblance occasionne votre erreur: rappelez vos esprits, et allez dans votre famille profiter de la tranquillité dont vous me paraissez avoir besoin. — Quelle cruauté! s'écrie le jeune homme. Bienfaiteur de cette famille, pourquoi altérer par tant de résistance le bonheur qu'elle ne doit qu'à vous? Serez-vous assez inflexible pour refuser le tribut que nous réservons à votre sensibilité ! Et vous tous qui êtes ici présents, vous que le trouble et le désordre où vous me voyez semblent attendrir, joignez-vous à moi, et que l'auteur de notre salut vienne contempler lui-même son propre ouvrage. » A ces mots, l'inconnu paraît se faire quelque violence et se rendre aux pressantes sollicitations du jeune homme ; mais, au moment où l'on s'y attendait le moins, réunissant toutes ses forces, et rappelant son courage pour résister à la délicieuse jouissance qui lui est offerte, il s'échappe comme un trait, et disparaît dans la foule étonnée en présence d'un si nouveau spectacle.

Cet inconnu le serait encore aujourd'hui, si ses gens d'affaires, ayant trouvé dans les papiers de leur maître, après sa mort, une note de 7,500 francs envoyés à un banquier de Cadix, n'en eussent demandé compte à ce dernier, seulement par curiosité. Il répondit qu'il en avait fait usage pour délivrer un Marseillais nommé Robert, conformément aux ordres de Secondat, baron de Montesquieu. On sait que ce personnage illustre aimait à voyager, et qu'il visitait souvent sa sœur, Mme d'Héricourt, établie à Marseille.

Un Picard dans les flammes avec sa mère.

Sous le règne de Henri IV, les troupes de la reine de Hongrie, commandées par le comte de Roux, firent des dégâts horribles dans la Picardie. Un jeune homme des environs de Roye s'était enfui fort jeune de chez ses parents, et engagé dans les troupes étrangères ; la guerre le ramenait dans le lieu de sa naissance : on ravageait le village même où il avait commencé de voir le jour ; les habitants éplorés cherchèrent un asile dans l'église. Aussitôt l'impitoyable capitaine qui commandait le détachement ennemi y fit mettre le feu. Le Picard ne put voir sans frémir l'exécution d'un commandement si barbare : l'amour du pays, ce sentiment qui tient si fortement à la nature, lui fit entendre sa voix ; les cris de ses compatriotes émurent ses entrailles ; malgré la défense de son capitaine, il se détache de son rang, court ouvrir la porte de l'église pour faciliter à ces malheureux le moyen de s'échapper. Une femme se présente à lui, défigurée, à demi brûlée ; il l'envisage. O surprise ! il reconnaît sa mère ;

elle aussi reconnaît son fils, et s'écrie : « Ah ! mon fils ! » Il n'a pas la force de lui répondre, il se précipite dans ses bras. Cependant l'inhumain capitaine lui ordonne de repousser cette femme ; mais la nature l'emporte, il ne peut se séparer de sa mère. Un tigre eût été attendri en présence de cette scène touchante ; mais ce monstre ne paraît que plus irrité, on lui désobéissait !... Il entre en fureur et les fait jeter tous deux dans les flammes, où le jeune homme expire entre les bras de sa mère, martyr des plus vifs et des plus beaux sentiments de la piété filiale.

DIALOGUE

SUR

L'AMOUR DES ENFANTS POUR LEURS PÈRE ET MÈRE

PERSONNAGES

EMMA, JENNY, EMMANUEL, FÉLIX, FRÈRES ET SŒURS; MAURICE, LEUR COUSIN

EMMA. — Mon cher Maurice, tu rentres fort à propos de ton école : tu vas nous aider à finir ces bouquets, et tu viendras ensuite avec nous souhaiter la fête à notre bon père; c'est pour cela que mes frères ont obtenu de leur maître la permission de revenir aujourd'hui un peu plus tôt qu'à l'ordinaire.

MAURICE. — C'est de tout mon cœur, ma cousine, que je tresserai avec vous vos guirlandes de fleurs, et que je serai présent lorsque vous les offrirez à mon oncle. Que vous êtes heureux de pouvoir lui rendre ces devoirs de la piété filiale ! Je n'ai pas le même bonheur ; je ne l'ai jamais connu ! J'étais bien jeune, bien jeune encore lorsque j'ai perdu mon père et ma mère : je ne me rappelle point de les avoir vus, ni d'avoir reçu leurs embrassements ! Hélas ! il me semble cependant que j'en aurais été digne, que j'aurais mérité leur amour, parce que, de mon côté, je les aurais aimés bien tendrement.

JENNY. — Console-toi, Maurice ! ne murmure pas contre les

décrets du Ciel : s'il t'a privé des auteurs de tes jours, il te les a rendus dans nos parents, qui te chérissent comme si tu étais leur propre fils, et qui veilleront toujours sur toi comme des anges tutélaires.

MAURICE. — Je le sais parfaitement : aussi ma reconnaissance pour eux est sans bornes comme ma tendresse, et je m'efforcerai continuellement de les payer d'un sincère retour.

EMMANUEL. — C'est une bien douce satisfaction pour nous tous, et nous t'en savons gré, mon frère, mes sœurs et moi, nous qui ne faisons qu'un cœur et qu'une âme, de te voir ainsi partager nos sentiments. Oui, tu es digne de l'attachement et de la bienveillance de mon père et de ma mère, puisque tu leur portes la même affection que si tu leur étais attaché par des liens encore plus étroits.

EMMA. — Affection qui fera ton bonheur comme elle fait le nôtre !

JENNY. — Oh! sans doute, nous ne saurions trop nous féliciter de ce que Dieu l'a fait naître dans nos cœurs par sa bonté, par sa grâce, et l'a fécondée par les exemples et les leçons que nous avons reçus dans notre famille.

FÉLIX. — Je pense comme toi, ma sœur. Cette affection et cet amour pour nos parents deviennent pour nous la source de la plus douce félicité, en même temps qu'ils sont un devoir d'autant plus sacré qu'il nous est imposé par Dieu lui-même. Il n'est donc rien qui donne plus de joie à l'âme et de contentement au cœur, que d'accomplir tout à la fois un précepte divin et d'être docile à la voix de la nature.

EMMA. — Mais peut-on croire qu'il existe des enfants qui n'aiment pas leur père et leur mère ?

JENNY. — S'il y en avait, oh ! qu'ils seraient à plaindre ! qu'ils seraient malheureux !

EMMANUEL. — Je n'ose pas dire de quel nom il faudrait les appeler ! On pourrait penser d'eux qu'ils ne sont pas chrétiens, qu'ils ne sont pas même des hommes ! Par leur insensibilité, par leur froideur envers leurs parents, ils fouleraient aux pieds les lois naturelles ou divines; on ne les regarderait qu'avec une espèce d'effroi ; ils s'attireraient le mépris des hommes et la haine et les vengeances de Dieu.

FÉLIX. — Punition terrible, malheurs épouvantables dont ils

se préserveraient s'ils réfléchissaient sur le dévouement, sur la tendresse de leurs parents : dévouement et tendresse sans mesure et de tous les jours, non seulement dans les premières années de leur enfance, mais encore dans celles qui se sont succédé, ou qui se succéderont jusqu'au moment où ils pourront se suffire à eux-mêmes.

Emma. — Tel a été le dévouement, telle a été la tendresse dont nous avons été et dont nous sommes encore tous les jours l'objet dans notre famille : je ne puis pas me rappeler quelle a été leur conduite envers moi dans ces années qui séparent la naissance des premières lueurs de la raison; mais, étant votre aînée à tous, mes souvenirs me disent très bien ce que l'on a fait pour vous, et la vertu de nos parents ne me permet pas de douter qu'il n'en ait été ainsi à mon égard, à cet âge où je ne me connaissais point moi-même, et où je n'étais pas capable d'apprécier ce qui se passait autour de mon berceau. Je n'étais pas un grand personnage, il est vrai, à la naissance de Félix et de Jenny; mais malgré cela je ne pouvais être témoin sans attendrissement des sollicitudes de ma mère, et de son amour, qui la mettait au-dessus de toutes les fatigues, de toutes les peines et de toutes les privations. Je vous l'ai déjà dit souvent, mon cher Félix et ma chère Jenny; mais j'aime à vous le répéter avec autant de plaisir que vous en éprouvez à l'entendre : sans que je fusse bien certainement privée des soins qui m'étaient encore nécessaires, sans que l'intérieur de notre maison en souffrît le moins du monde, notre bonne mère ne paraissait en quelque sorte occupée que de vous. Tout en s'acquittant de ses autres devoirs avec un zèle, un courage et une persévérance que vous admirez maintenant vous-mêmes, son œil était sans cesse fixé sur votre couche; toujours attentive à votre premier cri, elle accourait avec empressement, elle cherchait à vous consoler, quoique vous ne la comprissiez pas encore, par de douces paroles qui ne peuvent venir que d'un cœur maternel. Notre père, autant que ses travaux hors de la maison le lui permettaient, la secondait avec la même affection dans ses soins, et il se prêtait à tout avec joie, et le soir il ne ressentait plus en quelque sorte sa lassitude, en nous serrant dans ses bras et nous comblant les uns et les autres de ses plus douces caresses.

Félix. — Je me fais une idée parfaite de la conduite de mon

père dans les années de notre extrême enfance, par celle qu'il tient encore tous les jours.

EMMA. — Quelle bonté! si nous souffrons, il s'inquiète, il s'alarme de nos douleurs; on dirait qu'alors il est plus souffrant que nous-mêmes. La tendresse peut-elle aller plus loin?

JENNY. — Qu'il faudrait être ingrat pour ne pas avoir à son égard les mêmes sentiments!

MAURICE. — Ce qui doit faire son orgueil et sa consolation, mes bons amis, c'est qu'il n'y en a pas un parmi vous qui puisse jamais se rendre coupable d'une pareille ingratitude. — Tendresse pour tendresse! voilà votre devise à tous les quatre.

FÉLIX. — Merci, mon cousin, de ta bonne opinion.

MAURICE. — Il n'y a certainement pas de quoi; je dis ce que je pense, je dis ce qui est vrai; en un mot, je ne fais que répéter, et encore en l'affaiblissant, ce qui est dans la bouche de tout le monde.

EMMANUEL. — Eh bien! tu as raison, et tout le monde aussi a raison; je ne pense pas qu'il y ait de vanité à me ranger à ton avis. Je rougirais pour moi-même, et je rougirais pour mon frère et pour mes sœurs, s'il y en avait un parmi nous qui n'affectionnât pas, qui n'aimât pas nos chers et dignes parents jusqu'à se sacrifier pour eux si cela était nécessaire.

EMMA. — C'est bien cela, mon cher Emmanuel! Pour moi, et nous nous ressemblons tous, je sais bien que j'aimerais mieux souffrir trois mois et plus dans mon lit que de voir mon père ou ma mère malade: ils me sont si chers! Oh! que j'en aurais le cœur déchiré!

JENNY. — Rien que d'y penser, j'en éprouve une véritable peine; mon cœur se serre comme si je les voyais aux prises avec la maladie! Tiens, ma bonne Emma, ne parlons plus de cela, je finirais par pleurer.

FÉLIX. — Rassure-toi, chère sœur, le bon Dieu veillera sur notre famille: comme autrefois il a béni Joseph et le jeune Tobie à cause de leur piété filiale, il nous bénira de même, parce que nous aimons nos parents: il nous les conservera; espérons-le tous de son infinie bonté.

EMMANUEL. — Celui qui donne la pâture aux petits oiseaux du ciel protégera les jours de ceux qui sont pour nous l'image de sa providence; il entretiendra les forces de notre père, en récompense du bon usage qu'il en fait, et parce qu'il est notre appui, notre protecteur, notre nourricier.

Félix. — En effet, il est tout cela pour nous : avec lui que nous manque-t-il? S'il y a des privations à endurer, ce n'est pas sur nous qu'elles retombent; nos parents se les imposent eux-mêmes avec la plus grande sévérité, afin que nous n'en ressentions pas les atteintes. N'est-ce pas leur amour qui leur inspire cette résignation? N'est-ce pas encore le même sentiment qui soutient et anime notre père au milieu des plus rudes travaux? Quoique le nombre des années s'accroisse pour lui, comme pour tous les autres hommes, non seulement il ne rabat rien sur la longueur de ses journées, mais encore il lui arrive souvent d'aller au delà, afin d'être plus à même de pourvoir à tous nos besoins, à toutes nos nécessités. Il regarderait comme un bienfait inutile, et même comme un funeste présent, la vie qu'il nous a donnée, s'il ne nous procurait les moyens de la rendre heureuse dans ce monde et méritoire pour le ciel : d'abord en nous apprenant à connaître, à aimer, à servir Dieu, et c'est le plus grand témoignage de tendresse que nous puissions recevoir de lui; ensuite en nous faisant donner, selon ses facultés, une instruction conforme à notre état et aux espérances qu'il conçoit de nous, pour un temps plus éloigné. Afin d'arriver à ce double résultat, dont nous recueillerons les premiers, et pour ainsi dire seuls, les grands avantages, il se résigne à tous les sacrifices.

Emma. — Oh! non, ce n'est pas de résignation qu'il faut parler ici : c'est avec joie, c'est avec bonheur qu'il les fait; bien mieux, et j'en suis certaine, vous partagez toute cette pensée, il consentirait à être dépouillé de tout, à être réduit à la plus grande indigence, plutôt que de nous voir nous-mêmes malheureux, plutôt que de craindre que nous n'en venions au point de ne pas répondre à son attente, et que nous ne soyons pas un jour dans la société ce que doivent y être des enfants élevés dans de bons principes et d'une manière si chrétienne et si affectueuse. Ce triste spectacle (si, ce qu'à Dieu ne plaise, il en était jamais témoin), en perçant son cœur aimant et généreux d'un trait cruel, l'accablerait d'une profonde douleur et le conduirait au tombeau.

Jenny. — Et notre bonne et tendre mère, comment dépeindre ce qu'elle éprouverait aussi de son côté!

Félix. — Quelles pensées lugubres pour un jour de fête! A

quoi bon leur donner accès dans nos esprits, et pourquoi laisser nos cœurs s'en émouvoir et s'en affliger, puisque, avec le secours de Dieu, nous ferons, par la réciprocité de notre amour, le bonheur de nos père et mère ? Cet amour si sincère et si vif sera pour nous comme un conseiller attentif qui nous préservera de toute méprise et de tout danger. Il sera l'aiguillon de nos efforts à avancer dans le chemin de la vertu, la première et la plus douce récompense que ceux dont nous avons reçu le jour puissent attendre du Ciel en retour de ce qu'ils ont fait pour nous. Cet amour sera encore un maître de tous les instants qui nous instruira de ce que nous devons faire, de ce que nous devons fuir et éviter pour leur être agréables en tout et partout.

Emma. — Allons donc dans ces sentiments, et animés des plus généreuses résolutions, nous jeter dans leurs bras, et, en offrant ces fleurs à notre père, leur souhaiter à tous les deux, comme un gage de notre inaltérable amour, les vœux que nous adressons au Ciel pour leur conservation et leur commun bonheur.

AMOUR MATERNEL

Nous ne finirons pas ce chapitre sans donner quelques exemples de l'amour maternel et de l'amour paternel, afin d'exciter encore plus les enfants à remplir fidèlement tous leurs devoirs envers des parents qui les aiment si tendrement.

Une Veuve et six enfants.

Dieu a placé à côté de nous, dans sa miséricordieuse providence, un être qu'il a chargé de nous faire comprendre l'amour dont il est rempli lui-même pour sa créature : c'est notre mère. Que de soins ! quelle attentive sollicitude ! quelles jouissances nous lui devons dès le debut de notre vie ! Il n'est point d'existence de héros qui, mise en parallèle avec celle de la plus jeune et de la plus pauvre mère, ne pâlit subitement, et pût longtemps soutenir la comparaison. L'héroïsme n'est point un état exceptionnel pour une mère; c'est sa vie continuelle, sa nourriture, l'inspiration de tous ses moments. Oh! que nous devons bénir Dieu de nous avoir donné ainsi un ange pour veiller sur notre jeunesse! Hélas! quand on a perdu sa mère, on ne trouve rien qui la remplace!

Mme D*** fut de ce dévouement un bien remarquable exemple. Née dans une condition heureuse, entourée dès l'enfance de tous les bienfaits d'une large aisance, rien n'avait encore mis à l'épreuve le courage dont Dieu l'avait remplie, lorsqu'à vingt-cinq ans s'ouvrit pour elle une carrière de douleurs, dont heureusement peu de personnes ont à faire l'épreuve à ce degré. Elle resta, privée de sa fortune, à la tête de six enfants tout jeunes. Il lui fallut abandonner son pays, s'éloigner de ses connaissances, venir à Paris en former de nouvelles et pourvoir, à elle seule, aux besoins et à l'avenir de sa nombreuse famille. Elle accepta ce rude fardeau sans murmurer contre la main divine qui le lui imposait. Pendant vingt années entières, elle se réduisit aux plus pénibles privations, au travail, aux veilles prolongées, aux courses fatigantes; rien ne lui semblait trop difficile ou trop dur quand il s'agissait de ses enfants. Elle s'était dit : Je replacerai mes enfants dans la situation d'où ils sont descendus par mes revers; je leur donnerai de l'éducation, un état honorable; puis, ma tâche accomplie, si je ne succombe pas auparavant, je mourrai contente; je ne demande pas autre chose au bon Dieu. Et elle fut fidèle à cette sublime résolution, traitée alors de folie par bien des gens, qui ne comprenaient pas qu'une si chétive santé pût songer une minute aux épuisants labeurs qu'un tel dessein faisait entrevoir pour elle. Attaquée du choléra, condamnée par les médecins, elle eût péri sans doute, comme tant d'autres, sous les coups de l'épouvantable fléau; mais une pensée fut le remède infaillible : « Mes enfants ont besoin de moi! » Son énergie la sauva. Dix autres fois elle se coucha accablée par des maladies qui ne pardonnent pas : dix fois elle se releva au souvenir toujours présent de sa famille. Celle-ci cependant grandissait; la bénédiction divine, qui couvre toujours le cœur confiant en elle, s'étendait sur les six enfants. La pauvre mère avait par moments le cœur inondé de joie quand elle voyait ainsi son admirable dévouement récompensé, les protecteurs se multiplier, l'avenir se montrer moins obscur. Elle ne demandait la vie que pour achever son œuvre. Mais quelle tristesse nouvelle! en moins de trois à quatre ans, elle perd successivement quatre filles déjà grandes, sa consolation la plus douce, ses compagnes, ses aides, ses conseillères. Il lui restait deux jeunes garçons : pour eux, elle ne voulut pas succomber à sa douleur, mais pour eux seuls; car pour elle la mort lui eût été préférable. Elle s'arrache des bras de ces petits, qui ne savaient guère ce que c'est qu'une séparation pareille; elle va dans un pays glacial, à huit cents lieues de la France; et là, pendant dix ans, au milieu des sacrifices, des maladies et des injustices, elle amasse sou à sou de quoi suffire à l'éducation de ses deux enfants. Tant de grandeur d'âme devait avoir sa récompense dans ce monde même. Les enfants, élevés avec soin, occupent des positions très honorables; à leur tour, ils soignent leur mère, veillent sur elle, se consacrent à faire la joie de ses derniers jours, et racontent à tout le monde cette émouvante histoire.

Tirons-en deux conséquences également bonnes : c'est qu'il faut bien aimer nos mères, puisqu'elles sont capables de tant d'amour pour nous; ensuite, quelles que soient les misères et les difficultés de la vie, jamais il ne faut perdre courage. Dieu veille sur nous, et il vient en aide à qui a bon espoir.

Le Lépreux.

Hier soir, le ciel et la mer étaient sombres; la chaleur avait été accablante pendant toute la journée, et des éclairs muets déchiraient de temps en temps l'horizon chargé de nuages. Je me promenais seul; une lueur incertaine régnait encore; rien ne troublait le silence, hors le bruit de quelques lames qui venaient se briser sur la grève. Tout à coup j'entendis une voix; j'écoutai : deux personnes venaient de mon côté. A travers l'obscurité j'aperçus un vieillard qui conduisait au milieu des rochers un enfant que j'avais vu s'éloigner de l'anse des baigneurs quand il y venait du monde. C'était le père et le fils. Je demeurai immobile, et ils ne me virent pas; le fils disait : « Mon père, encore plus loin! on pourrait venir ici. — A cette heure et dans ce lieu tu n'as rien à craindre. Tu vois comme il fait noir... Tu es fatigué, crois-moi, restons ici, la plage est unie, les rochers ne déchireront pas tes pieds. — Oh! ce ne sont pas les rochers que je crains, ce sont les regards... Mon père, allons plus loin..., des promeneurs pourraient me voir. — Puisque tu le veux, répondit le père, allons plus loin. » Et tous les deux continuèrent leur route. L'homme vint à glisser, à son tour le fils s'écrie : « Mon père, restons ici... Vous vous êtes fait mal! » En effet, le père du jeune malade s'était blessé à la jambe. Il s'assit, son fils était à ses pieds, et je l'entendis qui lui disait : « Mon père, pourquoi ne suis-je pas mort quand j'étais tout petit? Alors, je me le rappelle, je ne faisais horreur à personne... Les enfants de nos voisins jouaient avec moi... Et on ne leur disait pas : « Ne jouez « pas avec Anselme... » Mon père, que de peines je vous donne! Vous croyez que je guérirai... oh! non, jamais! jamais! Mais vous le voulez, je ferai ce qu'ordonnent les médecins. Je le ferai, mais je ne guérirai pas. — Oui, oui, mon enfant, fais ce que les médecins te prescrivent; guéris-toi, pense à ta mère... Comme elle sera heureuse de t'embrasser à ton retour à la maison!... — Oh! elle n'a pas attendu que je fusse guéri, elle!... Quand je suis parti, elle m'embrassait comme avant ma maladie... Elle pleurait sur moi; là, sur mes joues, j'ai senti ses larmes. Ah! c'était un baume pour moi. Tout le monde me repousse; mais ma mère, elle, ne me repoussait pas; elle me pressait sur son cœur!... — Et moi, s'écria le père, crois-tu donc que tu me sois moins cher parce que tu souffres? Viens, mon Anselme. » Et je vis qu'ils se tenaient embrassés. L'enfant se détacha des bras de son père. D'une voix encore tout émue, le vieillard lui dit : « Anselme, déshabille-toi, je vais t'aider. » Et avec un soin qu'un étranger ne pourrait avoir, il ôta les vêtements du malade, lui jeta sur les épaules une longue pièce d'étoffe blanche pour envelopper son corps, et, le prenant dans ses bras, s'avança dans la mer et le présenta à la lame. « Souffres-tu? demandait-il souvent. — Oh! pas dans vos bras, mon père! » répondait l'enfant. Et cette réponse redonnait sans doute des forces au vieillard; car je le voyais longtemps soutenir son enfant, de dix à douze ans, et l'opposer aux chocs bienfaisants de la vague. Quand ils revinrent s'asseoir sur un rocher, le père, en essuyant son fils, lui disait : « Mon pauvre Anselme, tu t'es fait bien de la peine ce matin, parce que le baigneur public a refusé de prendre soin de toi, de te porter dans ses bras comme les autres enfants, tu vois bien que tu avais tort... Qui te soignerait comme moi? — Oh! personne... Mais je vous fatigue, mon père, je finirai par vous lasser. — Ah! Anselme! Anselme! tu ne connais pas le cœur d'un père. — Dans vos bras j'apprends à le connaître, » s'écria l'enfant... Et je le vis se jeter sur le sein du vieillard... Ils pleuraient tous les deux, et moi je pleurai aussi. Le lendemain, de très bonne heure, je rencontrai Anselme et son père, ils sortaient de l'église. J'osai regarder le malheureux enfant : c'est une espèce de lèpre dont il est affligé ; ils allaient porter une lettre à la poste : c'était sûrement pour la pauvre mère ; je n'en doute pas, ils lui disaient d'espérer.

Vte Walsh, *Lettres vendéennes.*

Lycoris et Sélime.

Au déclin d'un beau jour, Lycoris et Sélime,
Ayant assemblé leur troupeau,
Se reposaient sur un coteau
Dont le soleil dorait la cime :
Ils s'occupaient de Philémon.
Car ces jeunes enfants, modèles de tendresse,
N'avaient d'autre plaisir que d'en parler sans cesse.
Si nous sommes heureux, j'en sais bien la raison,
Disait Lycoris à son frère :
Les cieux protègent notre père ;
Il le mérite : il est si bon!

SÉLIME

N'en doute point, ma sœur, sa vertu leur est chère.
Un soir, sous le berceau voisin de sa chaumière,
Il dormait d'un sommeil aussi doux que son cœur ;
Sur son front s'imprima ma bouche,
Et soudain (soit amour, ou soit que son bonheur
Se fasse ressentir à tout ce qui le touche),
Des larmes de plaisir coulèrent de mes yeux :
Ce bon père, disais-je, à quel point il nous aime!
Il a veillé pour nous, et, dans son sommeil même,
Il sait encor nous rendre heureux!

LYCORIS

Hier, dans quel état il revint de la plaine!
Ah! si tu l'avais vu se traîner avec peine,
Accablé de travail et du poids de ses ans!
Tu pleures, Sélime!

SÉLIME

Quel père!
Nous lui devons aussi des soins reconnaissants.
Écoute, mais surtout que ce soit un mystère :
Du prix de ces paniers que tu me voyais faire,
Je viens d'acheter un mouton,
Je le destine à Philémon!

LYCORIS

Et moi, pour l'amuser quand il est solitaire,
De mon oiseau chéri je veux lui faire un don.
Leur père entendit ce langage :
Il sortait d'un buisson voisin.
Il court à ses enfants, les tient contre son sein;
Et des larmes de joie inondent son visage.
O Dieu, dit-il, témoin de mon bonheur!
Dans mes bras paternels tu vois tout ce que j'aime!
Laisse-moi mes enfants! c'est la seule faveur
Que je demande encore à ta bonté suprême.

LÉONARD.

RESPECT AUX PARENTS

CHAPITRE I

UN ENFANT DOIT RESPECTER SON PÈRE ET SA MÈRE

Celui qui craint le Seigneur honore son père et sa mère, et il servira comme ses maîtres ceux dont Dieu s'est servi pour lui donner la vie.

« Celui qui honore sa mère, dit le Sage, est comme un homme qui amasse des trésors, et celui qui rend à son père de profonds honneurs jouira d'une vie longue et heureuse. » Que rien ne soit donc capable d'altérer des sentiments si légitimes : ni les défauts, ni les infirmités, ni les faiblesses, ni la pauvreté, ni l'abaissement des parents, ni l'élévation des enfants.

« Mon fils, dit encore le Sage, recevez entre vos bras et avec une tendre vénération les membres chancelants de votre père accablé de vieillesse. »

Respectez vos parents, à quelque âge et à quelque degré d'élévation que vous soyez parvenu. Voyez Joseph : il quitte le palais de Pharaon pour aller au-devant de son père; à son approche, il descend le premier de son char, il se jette aux genoux de ce respectable vieillard, il les arrose des larmes que font couler le respect et la tendresse.

Salomon descend de son trône pour accueillir sa mère dans son palais et pour la faire monter à ses côtés.

Voyez Jésus-Christ même : il est Dieu, et il s'abaisse avec respect au-dessous de Marie et de Joseph.

Que le respect filial se manifeste en tout envers vos père et mère. S'il est sincère, votre extérieur se composera de lui-même pour en donner des marques : l'air, le ton, les manières, l'attitude, les discours, les actions, les démarches, les prévenances, les assiduités, les déférences, les soumissions, tout respirera le respect et la vénération dont vous serez pénétrés. Une des marques les plus expressives que vous en donnerez, ce sera de suivre leurs conseils, d'imiter leurs bons exemples : un enfant respectueux ne fait jamais rien sans prendre conseil d'un père et d'une mère; c'est une déférence qui leur est due; ils y sont sensibles; vous leur faites peine si vous y manquez. Quand même vous vous croiriez plus éclairés qu'eux, consultez-les toujours; après cela, employez votre sagesse à discerner si leur avis est bon, ou à le rectifier s'il ne l'est pas; mais ménagez toujours leur délicatesse. Une marque de respect c'est encore d'imiter vos père et mère lorsqu'ils vous ont donné de bons exemples. Si vous êtes les enfants d'Abraham, faites les œuvres d'Abraham.

Le Doge de Venise.

Laurent Celse, ayant été nommé doge de Venise, et voyant que son père, qui était du nombre des sénateurs, ne pourrait se dispenser de venir comme les autres, selon la coutume, se mettre à genoux devant lui, mit sur sa toque ducale une croix d'or, afin que son père pût rapporter à la croix l'honneur qu'il était d'usage de rendre à sa dignité. C'est depuis ce temps-là que les doges portaient une croix sur leur toque ou bonnet.

Un Avocat de Paris.

Un des avocats les plus célèbres de la capitale avait eu le bonheur de conserver son père jusqu'à l'âge de quatre-vingt-dix ans. Quoique père de famille lui-même, il ne manquait jamais, chaque matin, d'aller présenter ses hommages à ce vénérable vieillard, lui demander ses ordres et lui offrir ses humbles et respectueux services. Après avoir reçu lui-même la visite de ses enfants aussitôt leur lever, il les conduisait, comme en triomphe, aux pieds de leur grand-père lui demander pour eux et pour lui-même sa bénédiction. Cent fois, nous dit celui qui rapporte ces faits, nous avons été témoin de ce spectacle! cent fois nous avons vu tomber des yeux de ce patriarche de grosses larmes que le bonheur lui faisait verser! Voilà comment les fruits d'une bonne éducation, d'une éducation chrétienne, se perpétuent de génération en génération, et font le bonheur des familles.

Lemierre.

Un fils est bien moins redevable à lui-même de son mérite qu'à ceux dont il a reçu la vie et l'éducation. En outre, un fils augmente la gloire qui l'environne en la faisant rejaillir sur les auteurs de ses jours, tandis qu'il en ternit l'éclat en craignant de les y faire participer. C'est ce que le Sage nous assure : « N'oubliez pas votre père et votre mère, dit-il, parce que vous êtes au milieu des grands, de peur que Dieu ne vous oublie devant ces grands mêmes. »

Tels étaient les sentiments de Lemierre : ce poète, qui s'était ouvert les portes de l'Académie française sans autre recommandation que son talent, n'était pas moins estimable par son caractère et la simplicité de ses mœurs; mais ce qui le rend par-dessus tout digne d'éloges, c'est sa conduite envers sa bonne mère. Peu riche, cette femme respectable s'était réduite au plus strict nécessaire pour lui donner une bonne éducation, et son fils, doué d'un bon naturel, se montra toujours sensible à cette preuve de tendresse maternelle, qui n'est point rare de nos jours, mais qui est bien peu sentie. Étant encore enfant, il lui témoignait la plus vive reconnaissance par son respect et tous les efforts qu'il faisait pour lui être agréable et lui plaire. En âge d'exercer ses talents, il se privait, pour la soulager, des jouissances et des plaisirs que savent si bien se ménager les jeunes gens; ou plutôt ses plaisirs, à lui, ses jouissances les plus douces, étaient celles de sa mère.

Mme Lemierre demeurait à Villiers-le-Bel, à seize kilomètres de Paris; son fils était alors secrétaire d'un fermier général qui lui laissait le loisir de se consacrer aux lettres; et tous les mois cet excellent fils allait lui porter le produit de ses œuvres de poésie. Il faisait toujours la route à pied, même dans les plus grands froids : il craignait, en prenant une voiture, de diminuer la petite somme qu'il apportait à sa mère. Les jours que ce bon fils destinait à ses petits voyages étaient pour lui de vrais jours de fête; son cœur s'y préparait une semaine d'avance, et il n'oubliait rien pour rendre la fête la plus complète possible. La maison où il était employé lui fournissait la table et le logement, ce qui le mettait à même de procurer quelques douceurs à sa mère. Sur le point de se rendre à Villiers-le-Bel, Lemierre priait le cuisinier de lui faire cuire une bonne volaille et de lui apprêter un peu de pâtisserie. « Cette pauvre mère, disait-il, n'est pas gâtée par les bons morceaux, je veux qu'elle fasse au moins un bon dîner avec moi. Tout étant prêt, ce bon fils se mettait en route avant le lever du soleil. Quel tableau touchant! un poète d'un talent distingué, s'appuyant d'une main sur un bâton d'épine, et tenant de l'autre un panier rempli de provisions, se hâte de franchir l'espace qui le sépare de sa mère. Il oublie les muses, ses lauriers académiques, et ne pense qu'à sa mère et au plaisir qu'il aura de la voir, de lui procurer quelques douceurs, quelques secours, de lui dire ses peines, ses joies, et de partager les siennes. Ce jour passé avec sa mère était plus doux pour le cœur sensible et reconnaissant de cet homme modeste, que tous les éloges que lui attiraient les succès de ses tragédies.

CHAPITRE II

DU MANQUE DE RESPECT ENVERS LES PARENTS

« Celui qui afflige son père, dit l'Esprit-Saint, se couvre de honte et d'ignominie. » (*Prov.*, IX, 26.) « Celui qui contriste sa mère sera maudit de Dieu. » (*Eccli.*, III, 18.) En effet, quel crime ne commet pas celui qui, par une conduite si opposée à la justice et à toutes les lois divines et humaines, abreuve d'amertume ceux qui lui ont donné la vie! Et cependant, combien ne voit-on pas de ces malheureux qui, sans honte, et peut-être sans remords, les méprisent, les raillent, leur suscitent des procès, et les précipitent ainsi, avant le temps, dans le tombeau! Entrons dans quelques détails à ce sujet, afin de donner plus d'horreur de ces sortes d'attentats.

1° *Le mépris.* Mépriser ses parents, les regarder avec dédain, les traiter de gens inutiles, sous prétexte de vieillesse, parler d'eux en mal, leur souhaiter la mort, quel abominable crime! Enfants téméraires et suffisants, vous ne savez pas jusqu'à quel point vous affligez les auteurs de vos jours! Vous vous appuyez sur votre sagesse : en dédaignant les sages avis de vos anciens, vous méritez que votre présomption orgueilleuse soit punie par des revers. Il est des enfants parvenus qui rougissent de leurs parents pauvres. Enfants orgueilleux, vous vous enflez de votre fortune subite! Quoi donc! un peu de métal que vous vous êtes acquis, peut-être injustement, vous a-t-il élevés au-dessus d'un père vertueux? L'or a-t-il changé votre nature? Avez-vous oublié que ce père, cette mère, sont votre chair? Que vous êtes petits quand vous êtes si hauts! Quel crime contre la religion et la nature, désavouer le sang qui vous a fait naître!

2° *Les railleries,* c'est-à-dire les paroles, les gestes, les ris, les coups d'œil moqueurs et insultants : combien manquent ainsi à leurs père et mère! Écoutez, enfants insolents, les imprécations que l'Écriture prononce contre vous : « L'œil qui se rit de son père ou de sa mère, qu'il soit arraché par les corbeaux, qu'il soit dévoré par les oiseaux carnassiers qui voltigent autour des torrents et des cadavres. » Cham ose jeter un coup d'œil dérisoire sur Noé, son père ; il appelle ses frères à partager sa raillerie indécente ; aussitôt sa race est maudite par l'organe d'un père justement irrité : Chanaan avec tous ses descendants est devenu l'objet de l'exécration du Ciel et de la terre.

3° *Les reproches.* Que sera-ce donc si à ces signes de mépris on joint les reproches, les injures, les imprécations ; si on traite des parents de vieux fous, d'imbéciles, comme cela arrive à plusieurs ; si on les contredit sans ménagement, si on les maudit? « Qu'il meure, dit le souverain Maître, l'enfant qui osera proférer contre son père ou sa mère une parole de malédiction? » Les mêmes anathèmes doivent tomber sur ces enfants médisants, qui répandent partout le déshonneur de leur famille, en publiant les défauts de leurs parents. Insensés que vous êtes! c'est sur vous-mêmes que retombent ces opprobres que vous divulguez. N'aurait-il pas été plus prudent de vous taire, et de couvrir l'ignominie de votre père du manteau de la charité filiale?

3° *Les procès.* Quel désordre, lorsque les enfants chicaneurs osent traduire des père et mère en justice, et faire retentir les tribunaux de leurs révoltes! Non, ce n'est qu'en détournant la tête que la justice prête sa balance à de pareilles contestations ; elle déteste ces guerres intestines qu'elle est forcée de pacifier. Le sage Pittacus disait à un jeune homme qui poursuivait juridiquement son père : « Si vous avez tort, vous serez condamné ; si vous avez raison, vous méritez de l'être. » Quelle affreuse barbarie ! si cela allait jusqu'à des révélations criminelles, et que des enfants devinssent les bourreaux de ceux qui les ont nourris !

5° Enfin, mes enfants, vous manquez au respect dû à vos père et mère, quand vous les contristez par une conduite déréglée et libertine ; rien qui afflige davantage d'infortunés parents. « Gardez-vous donc, dit le Sage, de contrister votre père en lui faisant passer des jours malheureux. Il est maudit de Dieu, l'enfant dissolu qui chagrine et qui aigrit sa mère ; il se couvre lui-même d'ignominie et se précipite dans un abîme de malheurs. » Enfants sans respect, vous plongez le poignard dans le sein qui vous a portés ; vous précipitez les cheveux blancs de vos père et mère dans le tombeau. Peu, ou presque point de fautes légères en cette matière ; tout est grave, criminel ; ce sont des attentats dignes des vengeances du Ciel et de la terre. C'est pourquoi vous devez exprimer en confession tout ce qui peut en augmenter la gravité : les motifs, les circonstances, l'impression affligeante que cela fait sur vos parents méprisés ; le scandale que cela a pu donner à vos frères et sœurs, aux domestiques, dont vous auriez peut-être provoqué la dérision, la révolte, la désobéissance.

Une Veuve et ses deux fils.

Une veuve, dame de qualité, nommée Alexandrine, avait deux fils. L'aîné n'avait encore que dix ans, et déjà il commençait à dire certaines paroles qui ne sont jamais dans la bouche des personnes sages. Sa mère, s'en étant aperçue : « Hé quoi ! mon fils, dit-elle, vous tenez de pareils discours en ma présence ! Est-ce moi qui vous ai appris à parler de la sorte ? Et quand même je serais assez malheureuse pour dire de telles paroles, devriez-vous vous les permettre ? De tels discours, mon fils, ne conviennent qu'à des libertins, à des esprits mal faits, à des enfants sans éducation, sans honneur. »

L'enfant profita de cette remontrance, et n'osa plus dire rien de semblable en présence de sa mère ; mais il continuait avec ses compagnons. La mère heureusement en fut avertie. « Mon fils, lui dit-elle de nouveau, vous ne dites plus de mauvaises paroles en ma présence, mais vous en dites devant les autres ; vous les scandalisez. Comment ! mon fils, vous n'avez donc nulle crainte de Dieu ? Est-ce que vous ne savez pas que partout il vous entend, il vous voit ; que vous ne sauriez rien lui cacher ? Vous n'osez plus mal parler devant moi, et vous l'osez devant Dieu ! Sachez qu'il est infiniment plus à craindre que votre mère : il est votre créateur, votre maître, votre juge. Corrigez-vous, mon fils, changez de conduite ; car j'aimerais mieux vous voir mort à mes pieds que de vous voir persévérer dans une si pernicieuse habitude. Et sachez bien que je vous défends de fréquenter encore ces compagnons qui vous ont appris à parler de la sorte. »

Ces paroles d'une bonne et tendre mère firent impression sur l'esprit de cet enfant ; il se corrigea, et depuis il vécut toujours heureux dans la crainte de Dieu.

Le second fils de cette bonne veuve ne montra pas la même docilité. Sa mère le reprenait, il se moquait de tous ses avis ; malgré elle, il continuait à fréquenter de jeunes libertins qui lui corrompaient le cœur, qui ne lui parlaient que de plaisirs et de divertissements, et lui inspiraient du dégoût pour le travail, de l'aversion pour l'étude et du mépris pour sa bonne mère. Ce malheureux enfant méconnut bientôt toute vertu, et s'abandonna à ses mauvaises inclinations, au vice. Alors sa mère l'avertissait, le conjurait, le priait avec larmes de changer de conduite ; mais tout était inutile. Ce jeune insubordonné finit par s'établir, et, malgré sa mère, il prit un parti qui ne lui convenait pas. Il alla même jusqu'à faire un procès à cette mère infortunée, pour jouir du bien de son père. Cette jouissance dura peu : étant allé un jour se promener avec sa femme, il se laissa tomber à la porte de la ville, et fut écrasé sous les roues d'un carrosse qui passait. La nouvelle en fut aussitôt portée à sa mère. Elle accourut en s'écriant : « Ah ! mon Dieu ! voilà la punition des désobéissances de mon fils et des chagrins qu'il m'a causés. Je demande au moins au Seigneur que ce malheureux enfant ait le temps de se reconnaître et de rentrer en grâce avec Dieu. » Hélas ! à peine fut-elle arrivée qu'il expira dans ses bras ; il n'eut pas le temps de se confesser, et ne put recevoir les sacrements.

AUTRES EXEMPLES

Malheureux enfants.

Le père le plus criminel et le plus malheureux peut-être qu'il y eut sur la terre, avait un fils aussi méchant que lui. Plongés l'un et l'autre dans les désordres, ils se précipitaient dans toutes sortes de malheurs, suites ordinaires de l'inconduite et du crime. Le fils, désobéissant, indocile, était colère, violent et emporté jusqu'à devenir furieux lorsqu'il éprouvait la moindre contradiction. Un jour, que son père, déjà avancé en âge, voulut le reprendre et lui reprocher sa mauvaise conduite, ce fils dénaturé, dans un accès de fureur, se jette sur l'auteur de ses jours, le renverse par terre, et, le prenant par les cheveux, le traîne le long de l'escalier pour le mettre hors de la maison. Quand il fut arrivé à un certain endroit, le père, élevant la voix : « Arrête, malheureux! lui dit-il, je n'ai pas traîné mon père plus loin quand j'étais à ton âge. » Ce père coupable reconnut à ce moment la justice et la vengeance de Dieu, qui permettait que son fils le traitât comme lui-même avait traité autrefois son père. C'est là, en effet, ce qui arrive souvent, et c'est ce qui devrait engager tous les jeunes gens à respecter leurs parents comme ils désirent que plus tard leurs enfants les respectent eux-mêmes.

La malédiction d'une mère.

Dix enfants assez distingués par leur naissance, dont sept garçons et trois filles, vivaient à Césarée en Cappadoce, leur patrie, avec leur mère, qui était veuve, lorsqu'il arriva que l'aîné des frères accabla d'injures atroces celle qui lui avait donné le jour, et alla même jusqu'à porter la main sur elle, et la frappa. Tous les autres enfants, qui étaient alors présents, souffrirent que leur frère traitât ainsi leur mère, au lieu de le reprendre et de l'arrêter. Cette femme, outrée des mauvais traitements qu'on lui faisait éprouver, alla dès le grand matin aux fonts baptismaux, où, prosternée contre terre, elle pria Dieu que ses enfants fussent un exemple de terreur à toute la terre, et qu'ils la parcourussent errants et vagabonds, éloignés de leur patrie. Aussitôt cette mère fut exaucée, et ces enfants furent punis de Dieu par un tremblement horrible de tous leurs membres; en sorte qu'ayant honte de paraître, en cet état effroyable, en présence de leurs compatriotes, ils parcoururent chacun différents pays, dans presque tout l'empire romain. « Deux de ces enfants, dit saint Augustin, sont venus à Hippone, où nous étions : l'un s'appelait Paul, et l'autre, qui était sa sœur, s'appelait Pallade. Ils vinrent en cette ville environ quinze jours avant Pâques, et ils allaient tous les jours à l'église, où ils priaient devant la chapelle de Saint-Étienne, afin qu'il plût à Dieu de leur faire miséricorde et de les rétablir dans leur premier état. Le jour de Pâques, le peuple étant assemblé en foule dans l'église, le jeune homme faisait sa prière, lorsqu'il tomba tout à coup à terre comme s'il eût été endormi, sans trembler néanmoins de la manière qu'il le faisait ordinairement, pendant le temps même de son sommeil. Tous ceux qui étaient présents en furent surpris. Ils le furent bien davantage lorsque le malade venant à se relever, son tremblement le quitta tout à fait, et il se trouva parfaitement guéri. A la vue de ce miracle, tout le monde fit retentir l'église de louanges et d'actions de grâces qu'il rendait à Dieu. Ce jeune homme dîna avec nous, dit saint Augustin, et nous raconta exactement toute son histoire, et comment Dieu l'avait puni avec ses frères et sœurs, pour avoir manqué à ce qu'ils devaient à leur mère. Le mardi de Pâques, continue le saint docteur, je fis monter le frère et la sœur à la tribune, afin que tout le monde les vît pendant qu'on lisait l'histoire de leurs aventures. Tout le monde fut témoin que le frère était debout sans éprouver aucun tremblement, et que sa sœur tremblait de tous ses membres. Mais elle ne fut pas plus tôt descendue, qu'elle alla prier devant la chapelle de saint Étienne, premier martyr. Elle tomba subitement, comme son frère, dans une espèce de sommeil, et se releva comme lui parfaitement guérie. Toute l'église retentit sur-le-champ de cris de joie et d'admiration; on fit remonter cette fille à la tribune, et tous ne cessèrent de louer Dieu de ce qu'il l'avait rétablie dans le même état que son frère.

« Que les enfants, continue le saint, apprennent par cet exemple à rendre à leurs père et mère l'honneur et le respect qui leur sont dus, et que les pères et mères appréhendent de se mettre en colère, parce qu'il est écrit que la bénédiction du père affermit la maison des enfants, et que la malédiction de la mère la détruit jusqu'aux fondements. »

DIALOGUE

SUR

LE RESPECT DES ENFANTS POUR LEURS PÈRE ET MÈRE

PERSONNAGES

HÉLÈNE, MARIE, CLÉMENT, ADOLPHE, CHARLES, FRÈRES ET SŒURS

HÉLÈNE. — Pourquoi, mes frères, n'étiez-vous pas tous les trois aujourd'hui avec nous au catéchisme de persévérance? Que de belles choses on y a dites! Marie et moi nous en sommes encore dans le ravissement.

ADOLPHE. — Et nous aussi, ma sœur, nous avons ce matin entendu des instructions qui ont fait également sur nous une impression profonde, et nous ont laissé de touchants souvenirs.

MARIE. — Je n'en doute pas, puisque c'est toujours avec le même zèle, les mêmes lumières et la même onction que les hommes vénérables chargés de nous instruire parlent à nos esprits et à nos cœurs; mais tu conviendras avec moi que parmi les sujets traités dans ces réunions il y en a quelques-uns qui sont plus saillants les uns que les autres, qui agissent sur nous d'une manière plus vive et plus efficace.

HÉLÈNE. — C'est précisément un de ces sujets-là que nous venons d'entendre développer.

CLÉMENT. — En ce cas, nous pourrions regretter, mes frères ainsi que moi, de ne nous être pas trouvés auprès de vous durant cette instruction, si nous n'avions pas l'espérance que vous nous ferez connaître, l'une ou l'autre, sur quoi elle a roulé, et quels en ont été les points les plus importants.

CHARLES. — Alors nous en retirerons le même avantage que si

nous eussions été présents à l'église, et nous n'aurons plus rien à désirer.

Marie. — De grand cœur, mais à charge de revanche, lorsque de votre côté vous saurez quelque chose qui pourra contribuer à nous édifier et à nous servir de règle de conduite.

Adolphe. — C'est tout naturel.

Clément. — Nous serons fidèles à tenir cette convention, quand bien même vous n'auriez rien à nous dire.

Hélène. — Eh bien! on nous a parlé aujourd'hui du respect que les enfants doivent avoir pour leur père et pour leur mère. Que cette séance m'a causé de plaisir et de satisfaction! Il m'est rarement arrivé d'être si profondément émue.

Charles. — Je n'en suis point étonné, toi qui observes avec tant de fidélité et d'amour le précepte qui nous ordonne d'honorer et de respecter ceux qui nous ont donné la vie.

Marie. — Hélène a raison, et la plupart de nos compagnes, si on les interrogeait, tiendraient le même langage. J'en ai vu plusieurs qui laissaient échapper des larmes d'attendrissement... Moi j'ai été bien près de faire comme elles.

Adolphe. — Je te répéterai, Marie, ce que Charles a dit à Hélène, puisque tu es, comme notre sœur, un modèle de cette vertu que l'on cherchait ce matin à vous faire aimer et pratiquer; il n'est pas étonnant que tu éprouves une douce satisfaction lorsqu'on t'en redit les avantages et la beauté.

Hélène. — N'avez-vous pas aussi tous les trois les mêmes sentiments? N'êtes-vous pas de même des enfants respectueux? Mais nous ne sommes pas ici pour nous faire des compliments réciproques sur ce que nous pouvons être. Les compliments sont déplacés entre frères et sœurs : c'est une mauvaise monnaie qui ne doit point avoir cours parmi nous; ce dont il s'agit à cette heure, c'est de nous instruire mutuellement, afin que par là nous devenions chaque jour de plus en plus parfaits dans l'accomplissement de nos devoirs envers nos parents.

Marie. — C'est cela, taisons-nous sur le reste, et venons tout de suite à ce qui nous intéresse le plus; voyons, Hélène, tâche de rappeler tes souvenirs.

Hélène. — Rappeler mes souvenirs! mais ils sont très présents, et, vivrais-je un siècle (je serais bien vieille alors, bien cassée, qu'en penses-tu, Clément?), que je ne radoterais pas encore sur ce point, et que je répéterais mot pour mot les préceptes et les exemples qui ont captivé mon attention dans cette matinée. On nous disait d'abord que le premier des devoirs, le devoir le plus essentiel des enfants, c'est le respect, un respect profond et inviolable pour leur père et pour leur mère; il n'y a pas de temps, pas de circonstances, pas de situations qui puissent les affranchir de l'obligation d'observer cette loi divine. Un enfant qui la violerait encourrait l'indignation du souverain Législateur, et ne pourrait se soustraire aux coups de sa justice vengeresse; tôt ou tard il en serait frappé.

CHARLES. — Pardon, ma sœur, si j'interromps ton discours; mais je ne puis m'empêcher de rappeler que cette justice de Dieu a éclaté d'une manière terrible dans l'ancienne loi : il avait ordonné que l'on punît du dernier supplice celui qui n'observerait pas ce commandement du respect filial. « Si quelqu'un, disait-il, outrage de paroles son père ou sa mère, qu'il soit puni de mort. »

CLÉMENT. — De nos jours même, la justice divine ne se manifeste pas avec moins de sévérité : ne voit-on pas continuellement que les enfants irrespectueux, ceux qui contristent les auteurs de leurs jours par des réponses et des paroles qu'ils n'oseraient souvent pas adresser à des étrangers ou aux derniers des hommes, qui rougissent de leurs misères, de leurs infirmités, de leurs défauts, qui vont quelquefois, dans leur aveuglement, jusqu'à les mépriser, les décrier, et même, ce qui révolte la nature, jusqu'à les maltraiter; ne voit-on pas que ces enfants coupables sont comme frappés d'une malédiction qui les poursuit partout? Causes du désespoir de leurs parents, accablés du mépris public, odieux à tout le monde, pouvant à peine se supporter eux-mêmes, ils traînent une existence malheureuse, et ils ont une fin plus malheureuse encore.

HÉLÈNE. — Tel est l'abîme où tombent inévitablement ceux qui ne considèrent pas dans leur père et leur mère les images de Dieu. Ah! si la foi, si l'amour de la vertu, si la crainte des châtiments les plus terribles régnaient dans leur cœur, s'ils étaient bien convaincus que leur père et leur mère tiennent véritablement la place de Dieu, et que leur manquer de respect c'est en manquer tout à la fois à Celui qui les fait les dépositaires de son autorité; s'ils comprenaient enfin leurs intérêts temporels et spirituels, au lieu d'être l'opprobre et la désolation d'une famille, le scandale d'une bourgade, souvent d'une ville entière, ils reviendraient à de meilleurs sentiments, ils seraient bientôt eux-mêmes des modèles de piété filiale, de fidèles observateurs du respect prescrit envers ceux qui sont auprès de nous les représentants du Père céleste.

MARIE. — Ce respect, devoir si doux à remplir, disait encore notre vénérable directeur, doit être le but de toutes nos pensées, l'objet d'une étude et d'une application journalières : il consiste dans une grande docilité à recevoir les conseils, les réprimandes et les corrections des chefs de la famille, à ne se présenter devant eux et à ne leur parler qu'avec révérence et soumission, à chercher à leur être agréables en toutes choses, à ne rien se permettre qui puisse leur déplaire, à craindre par-dessus tout de rien faire qui les mécontente, rien qui leur occasionne quelque peine ou quelque chagrin. Est-il nécessaire, ajoutait-on encore au catéchisme de persévérance, de recommander à un enfant de supporter, de cacher et d'effacer les défauts de son père et de sa mère? Ces défauts sont souvent les habitudes d'une tristesse noire, d'une humeur difficile. Mais souvent, avec un peu de réflexion, on verrait que cette tristesse, que cette humeur n'ont pas d'autre cause que les sollicitudes causées par l'entretien de la famille, le travail le plus assidu et le plus opiniâtre ne pouvant pas toujours subvenir à tous les besoins et à toutes les exigences, même les plus légitimes : alors serait-il raisonnable, serait-il chrétien de murmurer contre des défauts dont on est soi-même l'occasion? D'autres fois ils viennent de l'âge, des infirmités : ah! c'est alors qu'on se montrerait cruel et injuste en ne les supportant pas, en ne cherchant pas à les tenir cachés autant que possible. Nos parents, aux jours de notre enfance, n'ont-ils pas eu à endurer nos caprices, nos imperfections, nos petites méchancetés? Plus tard, avec quel soin, avec quelle persévérance n'ont-ils pas cherché à tenir secret ce qu'il y avait en nous de défectueux et de répréhensible, dans la crainte qu'au dehors on ne conçût de nous des opinions défavorables? Ne pas imiter cet exemple, qui entretient la bonne harmonie et la paix dans la famille, s'indigner des défauts de caractère dans ceux qui ont montré pour les nôtres tant de patience et de longanimité, n'est-ce pas rendre le mal pour le bien? n'est-ce pas être coupable d'une grande lâcheté et d'une affreuse ingratitude?

CHARLES. — Mais cette lâcheté, cette ingratitude seraient bien plus odieuses encore et plus épouvantables, s'il ne s'agissait pas seulement de difficultés dans le caractère, mais de défauts qui, divulgués, pourraient priver ceux qui les auraient de toute considération, et quelquefois entraîner pour eux la perte de la confiance publique, du crédit, du travail, et jusqu'à la ruine entière de l'état qu'ils exercent. Ne serait-ce pas un parricide, en quelque sorte, un crime qui atteindrait tous les membres de la famille, puisque par cette violation du précepte qui, en ordonnant de respecter, d'honorer son père et sa mère, condamne et réprouve tout ce qui s'écarte de ce respect et de cette révérence, on leur arrache le morceau de pain dont ils se nourrissent, et dont en même temps ils nous nourrissent nous-mêmes.

CLÉMENT. — Ceux qui ne respectent pas leurs bons parents, non seulement sont maudits de Dieu, mais les hommes mêmes n'ont aucune confiance en eux, ils les méprisent, les regardent avec une sorte d'horreur, évitent leurs conversations, leur société.

MARIE. — C'est bien vrai cela. J'entendais dernièrement raconter une histoire qui me fait encore frissonner lorsque j'y pense. Une malheureuse femme, disait-on, établie dans un des quartiers de la ville, vient de temps en temps, pour affaires, dans celui où demeure sa pauvre mère. Eh bien! n'a-t-elle pas l'affreux courage de passer et repasser devant l'habitation maternelle, d'être témoin de la misère, de la douleur de sa pauvre mère délaissée! et elle n'entre pas pour lui dire une parole de consolation, elle détourne dédaigneusement la tête! Oui, elle méprise sa mère, elle l'abandonne, la renie en quelque façon, et tout le quartier est témoin de cette conduite scandaleuse, indigne. On en parle, on en gémit, on n'a que des paroles de malédiction pour cette malheureuse.

ADOLPHE. — Et de quel œil le Ciel irrité peut-il voir de semblables choses! Il me semble que le Seigneur tient suspendue sur sa tête la foudre prête à éclater.

HÉLÈNE. — Ces histoires attristent le cœur! Pour les dissiper j'aime à vous retracer le tableau consolant qui nous a été fait d'une famille où le respect pour les parents est pratiqué d'une manière admirable. Je connais particulièrement cette maison, disait notre directeur, et je la fréquente aussi souvent que l'accomplissement de mes devoirs me le permet; ce que j'y vois, ce que j'y entends fait toujours sur moi une douce et vive impression. On se croirait là dans la demeure des anciens patriarches : le père et la mère y sont l'objet d'une vénération et d'un respect si profonds, si naturels, si constants, que, lorsque leurs enfants paraissent devant eux ou leur adressent la parole, on croirait voir et entendre Isaac, Joseph et Benjamin sous la tente d'Abraham et de Jacob. Là ni plaintes ni murmures : les avertissements, les réprimandes même que nécessite quelquefois la légèreté de la jeunesse, tout est reçu dans une attitude respectueuse, avec une douceur angélique, avec gratitude, tant ces pieux enfants sont persuadés que, lorsque leur père ou leur mère parlent, c'est Dieu lui-même qui parle par leur bouche. A la moindre parole, au moindre signe tout le monde obéit avec joie, avec empressement; tout le monde part, et exécute comme un ordre du Ciel celui qu'il a reçu, ou qu'il a seulement deviné. Peut-on montrer d'une manière plus admirable ce qu'il y a, au fond du cœur, de docilité, de soumission, de respect et de piété filiale? Aussi Dieu se plaît-il à répandre ses grâces et ses bénédictions sur cette maison exemplaire. Là il n'y a qu'un cœur et qu'une âme : chacun paraît ne penser, ne respirer et n'agir que pour le bonheur de ceux qui l'environnnent; la douleur (parce qu'elle est inséparable de la vie, et se fait sentir en tous lieux) étant partagée, étant commune, perd son amertume, et les joies, au contraire, deviennent plus douces; la sérénité brille sur tous les fronts. Les enfants grandissent dans les habitudes, dans l'amour de la vertu; ils grandissent en chérissant ceux qui leur ont donné le jour, en les respectant, en se montrant parfaitement soumis en toutes choses à leur volonté, qu'ils regardent comme la volonté du ciel. De leur côté, les deux vénérables chefs de cette famille, heureux des sentiments qui se manifestent sans cesse autour d'eux, heureux de voir leurs leçons et leurs exemples porter de si excellents fruits, poursuivent leur carrière en rendant grâces au Seigneur d'avoir exaucé leurs plus chers désirs, d'avoir béni leurs efforts. C'est ainsi qu'ils vieilliront; c'est ainsi qu'ils s'éteindront dans les embrassements de leurs enfants, et qu'en fermant les yeux à la lumière ils béniront et rendront encore grâces à Dieu de ce qu'il les a faits les héritiers de leurs vertus et les imitateurs de ce qu'ils avaient été eux-mêmes, par leur amour filial, dans les années de leur jeunesse, à l'égard de leur père et de leur mère.

CLÉMENT. — Oh! que de tels parents méritent bien qu'on ait pour eux l'amour le plus tendre et les sentiments de la vénération la plus profonde!

CHARLES. — Ajoute aussi que de semblables enfants deviennent dignes de l'affection dont ils sont l'objet.

ADOLPHE. — Nous n'avons rien à envier aux enfants dont Hélène vient de nous entretenir. Comme eux nous trouvons dans notre père et dans notre mère de parfaits modèles de toutes les vertus, des cœurs qui nous aiment bien tendrement; mille raisons pour les chérir à notre tour.

CHARLES. — C'est ainsi que nous accomplirons le premier et le plus saint de nos devoirs.

CLÉMENT. — C'est ainsi que nous nous rendrons dignes des bénédictions de la terre et du Ciel.

SUPPORT DES DÉFAUTS DES PARENTS

CHAPITRE UNIQUE

UN ENFANT DOIT SUPPORTER LES DÉFAUTS DE SES PARENTS ET LES EXCUSER

Un enfant bien né supporte sans plainte et sans murmure les défauts qu'il pourrait remarquer en ses parents, leurs infirmités, leur mauvaise humeur, se rappelant que, si grande que puisse être sa patience, elle se trouvera toujours beaucoup au-dessous de celle qu'ils ont eue pour lui dans la faiblesse de son enfance, et plus encore dans la déraison et dans les écarts de sa jeunesse.

En effet, dès que nous avons vu la lumière, ces bons parents nous ont reçus dans leurs bras avec transport, ils n'ont plus vécu que pour nous. Que de soins, que de services pénibles, que de privations auxquels ils se sont réduits! Dans nos plaintes, dans nos souffrances, leur tendre compassion a calmé nos douleurs; leurs baisers, leur sourire, leurs caresses, nous les ont fait oublier. Quel empressement pour essuyer nos larmes, pour apaiser nos cris! Quelle vigilance pour nous préserver de tout accident! Le jour, la nuit, jamais ils ne nous ont abandonnés; ils étaient toujours là, auprès de nous, avec nous; tous leurs instants ont été consacrés aux soins de notre faible enfance, à l'instruire, à la diriger, à la redresser. A mesure que nous avons avancé en âge, ils ont aidé notre faible raison à se développer; ils ont formé, redressé, cultivé notre esprit; ils l'ont élevé peu à peu jusqu'à la connaissance du Créateur, pour nous apprendre à placer en lui nos plus chères espérances, notre félicité réelle : à mériter une vie qui ne finira pas, et infiniment plus précieuse que celle qu'ils nous ont donnée, et qui ne dure que peu de jours.

Après tant de peines et de sollicitudes pour soigner notre enfance, pour fortifier notre raison, augmenter nos lumières, n'est-il pas juste que nous supportions, nous aussi, leurs défauts, leurs infirmités; que nous sachions compatir à leurs faiblesses, à leurs souffrances? Un bon fils bannit de son cœur tout sentiment de mépris pour ses parents : il ferme les yeux sur leurs défauts et les ouvre sur leurs vertus; il se prête à leurs désirs, à leurs volontés; il adresse à Dieu de ferventes prières pour leur bonheur et la prospérité de leurs biens; en un mot, il ne néglige rien pour leur rendre la vie aussi douce, aussi agréable que possible. Il déteste ces enfants dénaturés, au cœur dur, qui ne veulent pas écouter leurs père et mère, qui les contredisent, murmurent ou leur parlent avec rudesse et aigreur; ces enfants insolents qui élèvent la voix contre eux, qui leur parlent d'un ton de maître, qui vont jusqu'à prononcer contre eux des paroles grossières et injurieuses; qui, sous prétexte de leurs défauts, se moquent de leurs avis, de leurs menaces, leur donnent des surnoms, les tournent en ridicule. Quant à ceux qui vont jusqu'à haïr leurs parents, qui éclatent en paroles injurieuses, qui publient leurs fautes, et qui, pour vivre plus en liberté, poussent la malice jusqu'à leur souhaiter la mort, ce sont vraiment des monstres qui ne sont pas dignes eux-mêmes de vivre.

Vos parents eussent-ils à votre égard tous les torts possibles, fussent-ils injustes, durs, partiaux, vous devriez encore les supporter, les excuser même. Il est vrai que de tels parents, par une conduite injuste envers leurs enfants, dégradent en eux l'image de la Divinité; mais cette image ne doit pas en être moins honorée : c'est toujours l'image de Celui qui règne au plus haut des cieux, et qui répand à pleines mains ses bienfaits sur les hommes. L'autorité des parents ne laisse pas d'être sainte comme sa source, les liens du sang ne sont pas rompus, la naissance que vous leur devez ne perd rien de son prix, et la loi du Seigneur subsiste encore tout entière. Les défauts viennent de l'homme, et l'enfant pieux les déteste; l'autorité vient de Dieu, et il la révère.

Encore une fois, il peut arriver que nos bons parents, sur le déclin de la vie, faiblissent quant au corps et quant à la raison; mais souvenons-nous de notre enfance, de notre faiblesse, [illegible] pour eux ce qu'ils ont fait pour nous. « Enfants, compati[illegible] aux maux qui affligent la vieillesse de vos parents, nous dit l'Esprit-Saint, et gardez-vous de les contrister pour le peu de temps qu'il leur reste à passer sur cette terre. » (*Eccli.*, III, 14.)

Abibe.

Jean Moschus, auteur du VIIe siècle, rapporte qu'un homme du monde, qui habitait l'Égypte, avait plusieurs enfants qu'il avait élevés assez mal, et auxquels il ne donnait pas toujours bon exemple. Cependant l'aîné de ses fils, nommé Abibe, eut le bonheur d'échapper à cette mauvaise éducation : il était si sage, si vertueux, si fidèle à tous ses devoirs, que ses frères avaient presque de la haine pour lui. Mais c'est surtout son père qui le maltraitait de paroles et d'actions, et qui allait jusqu'à lui reprocher sa douceur, sa sobriété et ses autres vertus : tant il est vrai qu'on ne sait plus ni ce qu'on dit ni ce qu'on fait quand on se laisse aveugler par un préjugé ou par une passion! Abibe supporta tout avec patience, et ne répondit aux mauvais traitements dont il était l'objet que par de nouvelles prévenances pour son père et pour ses frères. Lorsque son père fut sur le point de mourir, quelqu'un qui aimait Abibe le pria de pardonner à ce fils si vertueux et de ne pas le déshériter. Le malade ne répond rien, seulement il demande qu'on lui fasse venir son fils aîné. Au premier abord tout le monde crut que c'était encore pour lui faire une scène pénible; mais quelle ne fut pas la surprise générale quand on l'entendit qui disait avec beaucoup de douceur : « Mon cher fils Abibe, pardonnez-moi les mauvais traitements que je vous ai fait subir durant si longtemps; j'ai eu tort, je le vois bien; priez Dieu qu'il me les pardonne aussi : vous faisiez votre devoir et moi je ne faisais pas le mien. » Il se tourna ensuite vers ses autres enfants, et leur dit : « Mes enfants, je vais mourir, mais voici votre père; je le laisse le maître de tous mes biens; ce qu'il fera sera bien fait. » Il mourut peu après, et son fils le suivit bientôt pour aller recevoir dans le ciel la couronne qu'il avait si bien méritée.

AUTRES EXEMPLES

Joachim.

Un excellent jeune homme, nommé Joachim, né de parents pauvres et malheureusement peu vertueux, ne reçut d'eux que de mauvais exemples. La Providence ne l'abandonna pas, et permit qu'il tombât entre les mains d'un ecclésiastique zélé, qui lui inspira tant d'amour et de respect pour ses parents, qu'il leur fut toujours, malgré les mauvais traitements qu'il en recevait, également docile et soumis. A l'âge de quinze ans son père l'envoya servir, parce qu'il ne pouvait plus le nourrir. La Providence, qui voulait déjà le récompenser, lui fit trouver un bourgeois, homme riche et charitable, qui le prit avec lui. Jamais domestique ne fut plus attaché à son maître, ni enfant plus affectionné à ses parents. Tout ce qu'il gagnait, il le leur donnait pour les aider à vivre. Ses sœurs s'étant mariées, son père et sa mère, qui étaient vieux, restèrent seuls, et voulurent le ravoir auprès d'eux. Il ne balança pas un moment, et se fit un devoir de quitter son bon maître pour obéir à son père. Ce maître tâcha de le retenir, et lui promit même d'augmenter ses gages. « J'aime mieux, répondit-il, obéir à mes parents que de gagner les plus gros gages; je puis m'en passer, mais mon père et ma mère ne peuvent se passer de moi. — N'en sois pas en peine, répondit le maître, j'aurai soin de leur entretien; et après tout ils ne méritent guère tes services, puisque tu n'as reçu d'eux que des coups et des injures. — N'importe, répondit le jeune homme : s'ils ne méritent pas mes services, Dieu les mérite, et je ne veux pas les abandonner dans leur vieillesse. Quelque mauvais qu'ils aient été pour moi, ils sont toujours mes parents, et je suis toujours leur fils. Je sens ce que Dieu et la nature demandent de moi à leur égard. — Va, mon cher ami, lui dit son maître, Dieu te bénira, parce que tu es un enfant obéissant. » On ne peut dire combien il eut de peine pour nourrir son père et sa mère, ni les mauvais traitements qu'il reçut d'eux; mais il souffrait tout en silence et sans se plaindre. Le Seigneur récompensa enfin une obéissance si constante et une patience si courageuse. Après la mort de ses parents, il épousa une fille vertueuse qui lui donna du bien, et il vécut très heureux avec elle. Sur le point de mourir, il assembla ses enfants, et leur dit : « Mes chers enfants, la plus grande consolation que j'aie eue de ma vie et que j'aie à présent, c'est d'avoir toujours été soumis à mon père et à ma mère. C'est à cette obéissance que je dois la fortune dont j'ai joui, et j'espère qu'en vue des soins que j'ai pris d'eux, le Seigneur me fera miséricorde. Je vous recommande d'avoir de même beaucoup de soumission, de respect et d'amour pour votre mère. Si vous suivez ce dernier avis que je vous donne, Dieu ne vous abandonnera jamais. » Il mourut peu de temps après, plein de jours et de mérites, de satisfaction et de joie.

Antoine.

Le père et la mère d'un jeune homme nommé Antoine avaient le malheur de n'être ni religieux ni convenables envers lui. Ce pauvre enfant, parfaitement élevé dans une pension pieuse, où il avait goûté la douceur du joug de Jésus-Christ, était constamment l'objet des mauvais traitements de son père et de sa mère. Ce qui lui était encore plus sensible, c'était de les entendre blasphémer sans cesse contre Dieu, contre la religion et contre ses pratiques. Pour leur épargner une partie de ces crimes, il s'acquittait de ses devoirs le plus secrètement possible; mais enfin il ne pouvait et ne devait pas dissimuler sa foi, et ses parents étaient furieux. Cependant, loin de murmurer contre les auteurs de ses jours et de se plaindre de la manière indigne dont ils le traitaient, il gardait le silence, il n'en parlait à personne, pas même à ses plus intimes confidents; mais il priait beaucoup, les recommandant surtout à saint Joseph, lui demandant instamment et avec larmes qu'il obtînt leur conversion.

Ces malheureux voyant un jour venir leur fils de la messe, se jetèrent sur lui avec tant de fureur, que le pauvre enfant crut qu'il touchait à son dernier moment. Le pieux jeune homme, se rappelant alors ce que dit sainte Thérèse du pouvoir de saint Joseph, lui adressa une prière si fervente, si cordiale, qu'il eut la ferme confiance qu'il serait exaucé. Alors, se tournant vers ses parents, il leur dit ces paroles touchantes : « Mon cher père et ma chère mère, vous avez beau me maltraiter, jamais vous ne me ferez renoncer à ma foi ni aux pratiques de ma religion, parce que je veux sauver mon âme! Cependant ne croyez pas que ce soient vos mauvais traitements qui m'affligent le plus. Oh! non; car je souffrirais la mort plutôt que de consentir à une pensée de plainte et de murmure contre vous. Oh! non, je le répète, ce ne sont pas vos mauvais traitements qui m'affligent le plus; mais ce qui me torture, c'est de voir que vous vous damnez! Oh! si vous saviez combien est dure pour moi cette pensée : Mon père et ma mère seront damnés s'ils ne se convertissent pas! J'espère, oh! oui, j'espère d'aller au ciel, et pendant l'éternité mon père et ma mère seront dans l'enfer! » Se sentant alors comme inspiré, il s'écria : « Non, ô grand saint Joseph, il n'en sera pas ainsi, vous les convertirez! » A ces mots, sa mère, frappée comme par un coup de la Providence, s'écria à son tour : « Non, mon enfant, je ne me convertirai pas, je suis convertie! — Et moi aussi, ajouta le père. Nous t'avons donné la vie du corps, ô cher enfant, et tu nous donnes celle de l'âme; mène-nous à ton confesseur, c'est tout de suite que nous voulons commencer une vie nouvelle. » Et ils embrassaient leur cher enfant.

Cette vie fut, en effet, nouvelle; elle fut aussi persévérante, et tout porte à croire que le vertueux Antoine est dans le ciel avec ses parents, parce que depuis ce jour ils vécurent non seulement en chrétiens, mais en vrais pénitents.

Une bonne première communion.

Un jeune enfant d'ouvriers honnêtes, autant qu'on peut l'être sans principes religieux, venait de faire sa première communion avec une ferveur admirable. Le dimanche qui suivit, l'enfant se lève de grand matin, revêt ses plus beaux habits et se dispose à sortir. « Eh! mais, où vas-tu déjà? lui dit le père. — A la messe, père! *Le dimanche tu garderas en servant Dieu dévotement.* Tu sais le commandement? Après la grâce que Dieu m'a faite, pourrais-je me montrer ingrat? — Ah bah! des bêtises que tout cela! travaille et promène-toi, à la bonne heure, et laisse les prêtres chanter tout seuls les orémus. Le bon Dieu, crois-moi, n'a jamais fait cette prétendue loi. — Mais, reprit l'enfant avec une vive animation qui empourprait ses joues, serait-ce donc une bêtise que cet autre commandement de Dieu : *Père et mère honoreras afin de vivre longuement?* »

Qui fut déconcerté? ce fut l'artisan, qui, ne trouvant rien à répondre, s'éloigna, peut-être en admirant du fond du cœur la présence d'esprit et le bon sens de l'enfant. Le fait est que, huit jours après, le jeune communiant n'était pas seul à la messe; son père et sa mère l'accompagnaient, et depuis lors sont devenus d'excellents chrétiens, de parfaits honnêtes gens.

DIALOGUE
SUR
LA MANIÈRE DE SUPPORTER LES DÉFAUTS DES PARENTS

PERSONNAGES

HÉLÈNE, ALPHONSINE, ÉMILE, HENRI, ALBERT, FRÈRES ET SŒURS

HÉLÈNE. — Or çà, d'où sors-tu, ma bonne Alphonsine? Qu'es-tu devenue depuis ce matin?... Tiens, je parie que je le devine, et, si tu veux être franche, tu conviendras que j'ai raison de penser ce que je pense et de te parler de la sorte : oh! je voudrais avoir tort, dût-il m'en coûter, pour la perte de mon pari, la plus belle poire ou la plus belle pomme qui pourrait me venir. Je suis sûre que tu quittes quelque coin de la cave ou du grenier, que sais-je, moi? et là tu es restée seule, comme une petite chouette, à te repaître de l'amertume de tes réflexions, à murmurer en toi-même contre ceci, contre cela; ah! je n'ose pas aller plus loin : cela me fait trop de peine... Ne crois pourtant pas, si je m'explique ainsi, que j'aie intention de te chagriner, ou bien que je ne t'aime plus. Mes reproches ne viennent que mon affection, et je serais bien affligée si tu en doutais.

ALPHONSINE. — Certainement, je n'en doute pas : tu es bonne, au moins, toi!

HÉLÈNE (*d'un air étonné et peiné*). — Comment, je suis bonne, au moins, moi!

ÉMILE. — Je partage l'étonnement et la douleur d'Hélène en entendant un pareil langage.

HENRI. — Et moi aussi : est-ce qu'il y a quelqu'un dans la famille qui ne soit pas bon? me citerais-tu celui qui ne t'aime point?

ALPHONSINE. — Je ne dis pas que personne n'a d'amitié pour moi; mais il y a des jours où on ne me le prouve guère : aussi je suis tellement ennuyée parfois que je donnerais ma vie pour une épingle.

ALBERT. — A la bonne heure, Alphonsine, on voit que tu ne joue pas gros jeu.

HÉLÈNE. — Mais d'où peuvent venir tes ennuis?

ALBERT. — Si grands, si grands, que tu donnerais ta vie pour (*en montrant l'épingle de sa chemise*)... Ah çà! c'est une mauvaise plaisanterie?

HÉLÈNE. — Oui!... est-ce que nous avons des humeurs noires pareilles? Vois donc si mes frères, si moi, nous faisons de semblables plaintes.

ALPHONSINE. — Ah! toi tu en parles bien à ton aise! Tu ne te plains pas, tu ne t'ennuies pas! Je le crois bien! mon père et ma mère trouvent toujours merveilleux ce que tu fais; jamais on ne te dit rien.

ÉMILE. — Voilà qui est bien mal! Je ne pense pas que nos parents fassent aucune différence entre nous.

HENRI. — Assurément, ils nous traitent tous de la même manière.

ALPHONSINE. — Alors trouvez-vous bien agréable d'entendre toujours crier? Si on vous commande quelque chose, c'est avec humeur. Presque toujours des reproches. Je ne comprends pas des caractères comme ça...; on dirait que c'est une maladie...

HÉLÈNE. — Si c'était une maladie, nous n'en serions que plus obligés à supporter avec patience, avec un esprit de religion, les moments d'humeur et même les défauts de caractère de notre père et de notre mère.

HENRI. — Sans doute, et c'est un devoir rigoureux que nous imposent les lois de la nature.

ALBERT. — Et par-dessus tout la parole de Dieu, qui nous en fait un commandement formel.

ÉMILE. — Nous n'y serions point obligés par une autorité aussi grande, et devant laquelle tout enfant doit respectueusement s'incliner, que la reconnaissance, en parlant à nos cœurs, devrait nous rendre aveugles sur les défauts de ceux de qui nous tenons l'existence.

HÉLÈNE. — Tiens, Alphonsine, je vais te parler à cœur ouvert : si tu avais quelques années de plus et que je t'entendisse t'exprimer en ces termes, j'aurais une triste opinion de toi ; je me dirais : Voilà une méchante enfant. Mais je suis persuadée que tout cela tient plutôt à l'irréflexion naturelle à ton âge qu'à ton cœur. Tu es bonne dans le fond, et je te connais certainement mieux que tu ne te connais toi-même. Ce sont des boutades qui passeront avec le temps.

HENRI. — Le plus tôt sera le meilleur.

ALBERT. — Pourquoi pas aujourd'hui, à ce moment même? c'est le plus grand bonheur qui puisse arriver à Alphonsine.

ÉMILE. — Cela ne dépend que d'elle, que de sa bonne volonté ; pour cela je ne lui demande qu'une chose, c'est d'entendre avec le désir d'en profiter, comme nous les entendons, mes frères et moi, les conseils de notre excellente Hélène.

HENRI. — Nous lui devons bien cette déférence.

ALBERT. — D'abord elle est la plus âgée. Elle était déjà presque une grande personne quand je suis venu au monde.

ÉMILE. — Ajoutez à cela qu'elle en sait plus long que nous, et qu'elle ne perd rien ni de ses lectures, ni de ce qu'elle entend.

HENRI. — Il y a mieux à dire encore, c'est qu'elle est si affectueuse, une sœur si parfaite, que nous serions bien répréhensibles d'agir autrement.

HÉLÈNE. — Avez-vous bientôt fini avec vos éloges? En vérité, vous me couvririez de confusion si je ne vous regardais pas comme des enfants, comme de bons petits enfants qui ne savent pas encore ce que c'est que la flatterie, et qui ne laissent point échapper l'occasion de faire plaisir à ceux qu'ils aiment. Eh bien ! puisque vous avez confiance en moi, je ne vous ferai pas longtemps attendre. Je mets nos parents hors de cause, et, si je vais vous parler de l'obligation dans laquelle sont les enfants de supporter les défauts de leur père et de leur mère, cela ne sera que d'une manière générale. D'abord vous devez avec moi convenir d'une chose, c'est qu'il n'y a personne de parfait.

HENRI. — C'est ce que l'on nous disait encore à l'école.

ALBERT. — Oui, que chacun a son défaut, et souvent plusieurs défauts : humeur bizarre, caractère difficile ; que sais-je, moi ?

ÉMILE. — On ajoutait que les choses étant ainsi, c'était un devoir pour tous les hommes de se supporter mutuellement dans ce qu'ils ont de défectueux, chacun de leur côté : autrement la vie commune, la vie en société deviendrait impossible, ou plutôt elle serait un pêle-mêle de brusquerie, de querelles, de disputes et de représailles continuelles en fait de mauvais procédés.

HÉLÈNE. — C'est parfaitement juste ; mais si, comme membres de la société, nous sommes obligés de supporter réciproquement nos défauts, si Dieu nous le commande à tous, puisque nous lui appartenons tous au même titre, cette obligation est bien plus étroite lorsqu'il s'agit de ceux qui nous ont donné le jour. Ainsi un enfant qui murmure de leurs défauts, soit que ces défauts soient naturels, soit qu'ils aient pour cause la vieillesse ou la maladie, cet enfant se rend indigne de la bonté et des bénédiction du Seigneur.

HENRI. — En effet, je ne vois rien de plus odieux qu'une pareille conduite.

ÉMILE. — D'autent plus qu'il arrive souvent que ces défauts, imperceptibles dans le principe, se sont accrus par les préoccupations de famille, et quelquefois par la faute des enfants eux-mêmes, par leur indocilité, par leur mauvais vouloir, par leurs réponses inconvenantes, par leur désobéissance.

ALBERT. — Alors il y aurait plus que de l'ingratitude vis-à-vis de ceux à qui l'on doit tout ; il y aurait une injustice révoltante, si l'on se raidissait contre un défaut dont on a été l'occasion, dont on a hâté le développement : cela fait mal.

HENRI. — J'éprouve un sentiment bien plus pénible encore en songeant qu'il peut y avoir des enfants assez dénaturés pour s'irriter des défauts que des excès de travail, une vieillesse quelquefois anticipée par suite des fatigues et des privations, peuvent accroître dans leur père et dans leur mère. La vieillesse est comme l'âge tendre, nous disait-on la semaine dernière au catéchisme de la paroisse : elle a besoin d'indulgence.

ALBERT. — Eh bien ! si on disait cela, on disait une belle chose.

ÉMILE. — Je voudrais que cette sentence, car je regarde cela comme une sentence, fût profondément gravée dans le cœur de tous les enfants.

HENRI. — Ce serait un conseiller de tous les instants, qui leur tracerait leur devoir.

ALBERT. — En effet, votre père et votre mère ont, dans votre enfance, enduré vos caprices, vos petites méchancetés, vos défauts et vos imperfections en grand nombre; puis, quand la caducité les ramène en quelque sorte à leur point de départ, et en fait, pour ainsi dire, une seconde fois des enfants, nous ne voulons pas leur rendre ce qu'ils ont fait pour nous avec tant de résignation et tant de patience; c'est inconcevable.

ÉMILE. — Quelque inconcevable que cela puisse paraître à tes yeux, on n'en a malheureusement que trop souvent des exemples dans le monde; je ne le sais pas pour en avoir été le témoin, mais les plaintes qu'on entend, pour ainsi dire malgré soi, ne permettent pas d'en douter.

ALBERT. — Eh bien! c'est un malheur, c'est un grand malheur! ces enfants se rendent dignes de la malédiction de Dieu: tôt ou tard elle les atteindra; tôt ou tard ils en subiront les terribles effets.

HENRI. — C'est Dieu lui-même qui les en menace, nous disait-on encore à la même séance du catéchisme dont je vous parlais tout à l'heure, et l'ecclésiastique chargé de notre instruction ajoutait que ces malheureux enfants, s'ils connaissaient bien leurs intérêts pour ce monde qui passe, et surtout pour cet autre monde qui ne finira point, reviendraient à de meilleurs sentiments, rendraient à leurs parents âgés tout ce qu'ils leur doivent, et leur témoigneraient leur amour, leur reconnaissance, leur respect, principalement en supportant leurs défauts. Ces défauts, disait le catéchiste en terminant, doivent en quelque sorte disparaître aux yeux des enfants, passer inaperçus et comme s'ils n'existaient pas réellement, du moment que les enfants ont pour les auteurs de leurs jours, malgré la maladie, malgré les infirmités, malgré le nombre des années, les sentiments qui caractérisent un cœur bien né, le cœur d'un homme, le cœur d'un chrétien.

ALBERT. — Eh bien! soyons du nombre de ces enfants-là, non pas pour le moment actuel, car, vous le pensez bien tous comme moi, nous n'avons rien à supporter dans notre famille; nos parents ont pour nous une tendresse extrême, et s'étudient à ne nous donner que des exemples susceptibles de former notre cœur, et de faire de nous d'honnêtes hommes; mais comme ils sont exposés, ainsi que toutes les autres créatures de Dieu, aux misères et aux vicissitudes de la vie, si les infirmités, si l'âge, si un accident ou seulement une maladie venaient à les changer, à modifier leur caractère, à aigrir leur humeur, je vous affirme, et vous ne me demandez pas que j'en jure, parce que je suis persuadé que je parle en votre nom comme au mien, je vous affirme que je serais à leur égard ce que l'on me voit aujourd'hui.

HENRI. — Ce serait une très bonne occasion, que ni les uns ni les autres nous ne laisserions échapper, de faire ce que disait tout à l'heure Albert : nous prouverions que nous avons le cœur bien placé, que nous sommes reconnaissants des soins que notre père et notre mère nous ont donnés, et du support qu'ils ont eu pour nos défauts dans les premières années de notre entrée en ce monde.

HÉLÈNE. — A merveille, Messieurs, à merveille! vous m'invitez à vous donner quelques conseils : vous prétendez que je sais de belles choses, de bonnes choses sur le sujet qui nous occupe; je ne romps pas assez tôt le silence au gré de vos désirs, et voilà que vous prenez la parole et que vous vous la partagez si bien à vous trois et avec tant de rapidité, que je n'ai même pas pu saisir le moment de placer un oui ou un non. Vous me laissez là plantée comme un piquet tout aussi bien qu'Alphonsine.

ALPHONSINE. — Pour moi, je n'ai pas à me plaindre. Qu'aurais-je pu dire? mon rôle était d'écouter, c'est ce que j'ai fait.

HÉLÈNE. — Eh bien?

ALPHONSINE. — Eh bien!... c'est tout clair!

ALBERT. — Clair comme de l'eau de roche : vous comprenez?

HENRI. — Clair comme une lanterne magique dont on a oublié d'allumer la chandelle, — je n'y vois goutte.

ALPHONSINE. — Riez! riez tant que vous voudrez, je vous le permets; et, par-dessus le marché, je vous remercie de tout mon cœur. Ah! si j'avais su plus tôt tout ce que je viens d'entendre, il y a longtemps que je ne ferais plus le hibou; as-tu dit chouette ou hibou, Hélène?

HÉLÈNE. — Hibou ou chouette, c'est tout un; mais je ne l'ai pas dit pour te faire de la peine.

Alphonsine. — Je le pense bien. Toujours est-il que je te rends grâces de ton indulgence; oui, indulgence, puisque tu as bien voulu attribuer à l'irréflexion et à l'inexpérience de l'âge mes maussaderies, mes boutades et mes murmures contre ce que je croyais être des défauts dans nos parents. Maintenant je vois bien que je n'étais qu'une pauvre ignorante : je suis donc désormais des vôtres, et à cette heure, quand bien même je remarquerais dans mon père et dans ma mère une imperfection, je vous imiterais, je serais une bonne petite fille.

Albert. — Eh bien! tant mieux, et puisque (tu en serais toujours venue là tôt ou tard) tu renonces à la cave et au grenier, suis-nous dans le jardin : nous avons encore le temps de jouer jusqu'au moment où on nous appellera pour nous mettre à table.

Henri. — Oui, oui.

Émile. — Oui, oui.

Hélène. — Un instant, mes petits docteurs! Je vous arrête au collet comme des larrons. Vous n'avez pas tout dit : à mon tour; cependant ne vous effarouchez pas, cela ne sera pas long.

Alphonsine. — Pourquoi pas long? Va, va, nous t'entendrons avec plaisir.

Hélène. — Sans doute il ne faut ni murmurer intérieurement des défauts de son père ou de sa mère, lorsqu'il y en a réellement en eux, ni (ce qui serait très mal, et même nuisible, parce que ce serait un mauvais exemple) s'en entretenir avec ses frères, ses sœurs ou qui que ce soit de la maison. Vous n'en doutez pas, cela serait bien plus odieux encore si, pour s'excuser soi-même des punitions que l'on reçoit, ou pour quelques autres motifs (qu'il me serait impossible d'imaginer), on allait faire connaître au dehors et divulguer les défauts de son père ou de sa mère. Le premier châtiment que l'on en recevrait, châtiment bien terrible, ce serait d'encourir la disgrâce de Dieu; le second, ce serait de tomber dans le mépris des honnêtes gens; enfin d'autres personnes, mal intentionnées sans doute et d'une vertu plus qu'équivoque, en prendraient occasion de nuire aux parents ainsi décriés par leurs propres enfants.

Henri. — Mais quel nom donner à de pareils enfants, s'il en existe? De quelle comparaison se servir pour les bien caractériser?

Albert. — Ils ne ressemblent pas mal à un homme qui démolirait pierre par pierre sa propre maison.

ÉMILE. — Ou à un soldat qui mettrait le feu à une ville qu'il serait chargé, ainsi que ses compagnons, de protéger et de défendre.

HÉLÈNE. — Vos comparaisons sont justes, parce qu'un enfant doit être, en tout et partout, le défenseur de ses parents, et non une langue de vipère qui les déchire. Mais il y aurait de plus une espèce de parricide; car les faire tomber dans le discrédit en publiant leurs défauts, en les affichant, c'est les précipiter à leur perte, c'est les priver de toute ressource; c'est leur enlever le travail auquel ils étaient appelés par la confiance qu'ils inspiraient. — J'ai fini.

ALBERT. — Eh bien! je renouvelle ma proposition, allons au jardin.

HÉLÈNE. — Oui, allons au jardin; mais n'oublions pas nos résolutions : aimons nos père et mère, respectons-les surtout intérieurement; supportons en eux tout ce qui pourrait nous déplaire, et Dieu ne manquera pas de nous bénir; il bénira aussi nos bons parents.

RESPECT AUX VIEILLARDS

CHAPITRE I

RESPECT DU AUX VIEILLARDS

C'est surtout dans leur vieillesse que les parents ont plus besoin du secours de leurs enfants, et c'est alors que ceux-ci doivent redoubler de zèle et d'affection. Qu'ils ne craignent pas de s'abaisser : il n'y a rien au-dessous d'un fils dans les offices qu'il rend à son père. Les services les plus pénibles, les plus humiliants, ne sauraient l'avilir : ils le relèvent, au contraire, et l'honorent. Tout ce qui a l'amour filial pour principe est toujours grand et glorieux.

« Mon fils, dit le Sage, prenez soin de votre père dans sa vieillesse, et ne lui donnez aucun sujet de chagrin durant sa vie : si sa raison s'affaiblit, supportez-le, et ne le méprisez point ; car la charité que vous aurez eue pour votre père ne sera pas mise en oubli, et Dieu vous récompensera pour avoir supporté les défauts de votre mère ; il vous établira dans la justice, et il se souviendra de vous au jour de l'affliction. » (*Eccli.*, III, 14.)

Cependant il y a des enfants au cœur dur, des ingrats qui vivent à leur aise et dans l'abondance, tandis que leurs parents vivent à l'étroit et presque dans l'indigence. C'est souvent la tendresse qui les a réduits à cette extrémité ; ils se sont dépouillés pour des ingrats et des cruels. Quelle honte ! Un père et une mère ont trouvé le moyen de nourrir et d'élever plusieurs enfants, et tous ces enfants ensemble ne peuvent nourrir un père et une mère ! Ils rebutent, ils dédaignent les auteurs de leurs jours ; et, au lieu de se trouver honorés de les avoir chez eux, ils se disputent à qui ne les aura pas. Sont-ils forcés de les recevoir, ils les traitent indignement ; ils leur donnent la dernière place dans leur maison et à leur table ; ils leur font manger, comme le disent en gémissant ces malheureux parents eux-mêmes, du pain de larmes et de douleur; ils poussent quelquefois l'indignité jusqu'à trouver que leur vie est trop longue. Mais malheur à ceux qui n'honorent pas leurs parents, en soutenant leur respectable vieillesse! Dieu, qui a promis une récompense aux enfants qui aiment, honorent, respectent et assistent leurs parents, en retour, punit presque toujours, dès cette vie, ceux qui se montrent ainsi dénaturés, ingrats! Souvent il arrive qu'ils ont des enfants qui les traiteront eux-mêmes encore plus indignement. Ils sont à leur tour la victime des mépris, des injures et de la dureté de ceux à qui ils ont donné le jour.

Un malheureux Père.

Un curé faisant un jour la visite de sa paroisse trouva dans une maison un bon vieillard assis au coin de son feu. Il pleurait; le chagrin était visiblement empreint sur tous les traits de son visage. « Eh! mon ami, lui dit-il, qu'avez-vous? est-il arrivé un accident dans votre famille? Vous êtes dans les larmes! qu'y a-t-il donc? — Ah! Monsieur, répondit le vieillard, je suis le plus malheureux des hommes! Je suis père de cinq enfants, que j'ai élevés non sans beaucoup de peine. Ces mains, que vous voyez, n'ont travaillé que pour les nourrir. A l'époque de leur mariage, je me suis dessaisi du peu que j'avais pour les placer le plus avantageusement possible; maintenant que je n'ai plus rien et que je suis incapable de gagner ma vie, j'ai dû me retirer chez eux; mais comme j'habite chez chacun d'eux tour à tour, ce sont des disputes terribles à ces différentes époques; c'est à qui ne m'aura pas dans sa maison. Je m'entends tous les jours reprocher ce que je mange; si je veux dire un mot, on me ferme la bouche; il n'y a pas jusqu'à mes petits-enfants qui ne se fassent un jeu des infirmités de ma vieillesse; à chaque instant je me souhaite la mort. Surtout, monsieur le curé, gardez-vous bien de parler de ce que je vous confie ici; car ma situation deviendrait encore bien plus affligeante. » On est révolté de cette monstrueuse ingratitude. O enfants impies, dénaturés, comment êtes-vous venus à ce point de traiter ainsi l'auteur de vos jours?

AUTRES EXEMPLES

Duras.

Un brave officier, nommé Duras, du régiment d'Aubusson, était fils d'un paysan. Mais il était bien éloigné d'être de ces âmes basses qui rougissent de leur naissance. Son pauvre père étant venu le voir, il le présenta avec son costume ordinaire, et en sabots, à son colonel. Louis XVI, instruit de la manière dont ce brave et courageux officier avait reconnu, reçu et honoré son bon vieux père, tandis qu'on le croyait issu de la noble maison des Duras, le fit venir à la cour, et, lui pressant la main : « Duras, lui dit-il, je suis bien aise de connaître un des plus honnêtes hommes de mon royaume ; je vous accorde mille écus de pension ; établissez-vous, j'aurai soin de vos enfants ; vous méritez d'en avoir qui vous ressemblent. »

Ni la fortune, ni le savoir, ni les dignités qui peuvent distinguer un fils et l'élever au-dessus des auteurs de ses jours, ne sauraient le dispenser du respect qu'il leur doit. Le premier rang n'est-il pas, en effet, celui qu'on tient de la nature? Et l'élévation du fils pourrait-elle être l'humiliation du père ? « Le fils, dit le Sage, tire sa gloire de l'honneur du père, et un père sans honneur est le déshonneur du fils. » (*Eccli.*, III, 14.)

Maurice de Sully et sa mère.

Un jour que Maurice de Sully, fondateur de Notre-Dame, prêchait dans une des églises de Paris, en présence d'une foule considérable et devant un auditoire choisi, on vit entrer dans cette capitale de la richesse et du luxe une pauvre femme vêtue d'une petite tunique de bure et ayant un bâton blanc à la main. Cette femme, qui venait de faire un long voyage, et dont la chaussure était couverte de la poussière des chemins, s'informa auprès de quelques dames du lieu où elle pourrait trouver le docteur Maurice. « Que lui voulez-vous ? lui dirent-elles. — Je suis sa mère, » répondit la bonne vieille. Là-dessus, les personnes auxquelles elle s'était adressée, craignant que Maurice ne fût honteux de la recevoir dans l'état où elle se trouvait, lui donnèrent un manteau et la conduisirent auprès de son fils. « Je suis ta mère, dit-elle. —

Je ne le crois pas, répondit le docteur, parce que ma mère est pauvre et qu'elle a l'habitude de porter un vêtement de bure.» La bonne femme demeura tout interdite, et pensa que la grandeur avait changé le cœur de son fils; mais les dames qui lui avaient ôté son vêtement primitif l'ayant reconduite en leur maison, lui remirent son bâton et sa tunique. Dès que celui-ci l'aperçut, il se découvrit, l'embrassa et lui dit : « Pour le coup, je vois bien que vous êtes ma mère. » C'est peu après cet événement qu'il fut nommé évêque de Paris.

Jean-Baptiste Rousseau.

Jean-Baptiste Rousseau a flétri sa mémoire par un trait bien indigne, si ce qu'on rapporte de lui est vrai. Il était fils d'un cordonnier de Paris, qui, vivant avec aisance dans son état, n'avait rien négligé pour lui donner une belle éducation dans les meilleurs collèges de cette ville. Après y avoir brillé par ses talents et par son esprit, il se livra tout entier à son goût pour les vers, et se fit bientôt une grande réputation par divers ouvrages qui lui procurèrent l'estime et la protection de plusieurs personnes du plus haut rang. A la première représentation d'une de ses comédies intitulée *le Flatteur*, son père, qui avait voulu y assister, fut sensible autant qu'on peut le croire aux applaudissements donnés à son fils; il ne put contenir sa joie, et il fit connaître à ceux qui l'environnaient qu'il était le père de l'auteur. La pièce finie, ce bonhomme cherchait avec empressement à embrasser son fils. Il l'arrêta au sortir du théâtre, et lui fit un discours touchant qui finissait par ces mots : « Je suis votre père. — Vous mon père ! » s'écria Rousseau ; et dans ce même moment il s'enfuit, et laissa ce pauvre père pénétré de douleur et fondant en larmes. Ce trait d'ingratitude, avoué même par Boindin, le défenseur du poète, donna lieu à ses ennemis de composer, dans le goût des pièces du Pont-Neuf, cette fameuse chanson qui causa tant de chagrin à Rousseau, et qui commence ainsi :

Or écoutez, petits et grands,
L'histoire d'un ingrat enfant;
Mais détestez dans sa personne
Le funeste exemple qu'il donne :
Car il méconnut au jour de son bonheur
Celui qui l'avait nourri de sa sueur.

Quelque temps après, un épigramme qui déplut à la cour lui attira un exil perpétuel. Cependant, ayant obtenu, pour des intérêts de famille, de rester quelque temps à Paris, il fut invité à dîner par le célèbre Rollin, qui, à son tour, voulut lui donner une nouvelle leçon. Rollin était fils d'un coutelier; mais, loin d'en rougir, il s'en glorifiait hautement. Sachant qu'un célèbre poète anglais dont le père était tailleur partageait ses sentiments à cet égard, il l'invita aussi dans la pensée de rendre la leçon encore plus sérieuse. Lorsqu'on se mit à table, Rollin, adressant la parole à Rousseau, lui parla en ces termes : « Monsieur, vous ne trouverez pas mes couteaux bien au goût du jour; mais, comme ils sont pour moi d'une valeur inappréciable, car c'est mon père qui les a faits, je m'en sers toujours dans les grandes circonstances. » L'Anglais prit la parole et dit à son tour : « Monsieur Rousseau, ne soyez pas étonné si mon habit n'est pas à la mode du jour, mon père a jugé de le couper et de le coudre ainsi; c'est pour cela que je m'en revêts les jours que je consacre à la visite de mes amis. » Rousseau, ainsi régalé, ne put tenir, et se retira couvert de confusion.

Un trait du pacha Djezzar.

On raconte du pacha Djezzar, qui a épouvanté la Syrie par ses crimes, de 1775 à 1804, un trait qui prouve qu'il n'avait pas totalement abjuré les sentiments d'humanité. Ce fait, tout à fait plaisant en apparence, est une bonne leçon donnée aux fils dénaturés. Un jeune chrétien à qui Djezzar témoignait quelque intérêt devait se marier bientôt. Il logeait dans une maison dont la meilleure pièce était au second étage; elle était occupée par son père, homme vénérable par son âge et digne de toute sorte d'égards par ses infirmités. Pour plaire à sa future épouse, le jeune homme pria tout bonnement son père de lui céder son logement pour quelques semaines, promettant de le lui rendre peu après le mariage. Le père y consentit et descendit au rez-de-chaussée, qui n'était ni agréable ni sain. Au bout d'un mois, il redemande sa chambre; on le prie de la laisser encore. Il y consent; mais quand il vient la demander au terme convenu, son fils refuse de la céder, et pousse le manque de respect, le mauvais cœur, jusqu'à maltraiter son pauvre père.

Tout le quartier fut indigné de ce procédé. Djezzar en est instruit par ses espions ; il mande le fils et le reçoit devant le divan rassemblé. « De quelle religion es-tu ? » lui dit le pacha tout en colère. Le jeune homme, épouvanté, ne répondait pas. Le pacha répète sa question ; alors il lui répond qu'il est de la religion chrétienne. « Vrai ? Eh bien ! fais-moi le signe des chrétiens. » Le coupable fait le signe de la croix sans rien dire. « Prononce donc les paroles. — Au nom du Père, et du Fils, et du Saint-Esprit. Ainsi soit-il. » Et en disant cela, bien entendu, il portait à l'ordinaire la main au front d'abord, puis à la poitrine, et ainsi de suite. « Ah ! s'écria Djezzar d'une voix terrible, le père est donc en haut, et le fils en bas ? Va, malheureux, à ta maison, et si, dans un quart d'heure, il n'en est pas de même chez toi, ta tête roulera bientôt dans la poussière. » Nous n'avons pas besoin d'ajouter que le jeune homme alla demander pardon à son père, et qu'il se hâta bien vite de rétablir tout dans l'ordre, parce qu'il savait que les menaces de Djezzar n'étaient pas vaines.

Les deux couvertures.

On rapporte qu'un homme vivant dans l'aisance, et n'ayant qu'un fils unique, eut la barbarie d'envoyer son vieux père à l'hôpital. Quelques jours après, ayant appris que le vieillard souffrait beaucoup du froid, il lui envoya, par un reste de pitié, deux mauvaises couvertures, et chargea son fils de la commission. Le jeune homme n'en porta qu'une et garda l'autre. Le père, s'en étant aperçu, lui demanda pourquoi il n'avait pas remis les deux couvertures. « Papa, lui répondit-il, j'en ai réservé une pour vous, quand vous irez à l'hôpital. »

Le pot de terre.

Un chevalier du Tyrol, inquiet de la longue vie de son père, l'avait relégué dans une sorte de cachot, au fond de sa basse-cour, et là, tous les matins, il lui envoyait par son fils, alors jeune enfant, une espèce de brouet dans un pot de terre. Le pauvre homme mourut enfin ; le chevalier ordonna qu'on brisât le pot qui était pour lui un fâcheux souvenir. « Non, mon père, dit l'enfant, conservons-le, au contraire ; il servira encore quand vous serez vieux. »

Oui, la divine providence permet que ces enfants méchants, ces enfants dénaturés, qui traitent si indignement les auteurs de leurs jours, éprouvent aussi ces mêmes traitements, sur le déclin de leur vie, de la part de leurs propres enfants, à qui ils ont été des sujets de scandale.

CHAPITRE II

RESPECT A SES AÏEUX ET AUTRES PARENTS

L'honneur, le respect, que nous devons à nos autres parents, est une suite nécessaire que celui de la religion, la nature et la reconnaissance imposent à un bon fils à l'égard de ses père et mère. Ils n'ont pas, sans doute, les mêmes droits à sa tendresse qu'un père et une mère ; mais tous ont droit, proportion gardée, à y participer.

Il ne serait pas un vrai disciple de la piété filiale, l'enfant qui dédaignerait ceux que son père et sa mère sont obligés de soigner et de respecter. Cependant il n'est pas très rare de rencontrer de malheureuses familles où des grands-pères, des grand'mères, des oncles, des tantes, sont en butte à mille avanies; il en est même qui soupirent après la mort de ces parents pour être plus tôt délivrés de leur présence importune.

Le bon fils a horreur d'une pareille conduite; il aime et respecte tous ses parents ; il n'ignore pas qu'ils ont pris part à la joie de sa naissance, aux caresses d'une mère, aux pénibles soins qu'exigea la faiblesse de son jeune âge. Il voit dans ses aïeux un autre père, une autre mère ; leur longue expérience lui rend leurs leçons précieuses. Si leur âge avancé les réduit au pénible état d'une seconde enfance, il ne laisse pas de les respecter, et jamais il ne se joue de leur triste situation. Leurs infirmités ne l'éloignent pas d'eux, et il les soulage avec tout le dévouement d'un enfant bien né. Il écoute sans ennui leurs récits des vieux temps ; la joie brille dans ses yeux lorsqu'ils racontent leurs jours fortunés ; son cœur est triste, peiné, lorsqu'ils parlent de leurs infortunes.

Non seulement nous devons honorer nos parents dans l'âge de la caducité, mais même toute personne âgée. Les cheveux blancs commandent naturellement le respect. Dans tous les temps, chez tous les peuples, et même chez les sauvages, on a vu les vieillards honorés, respectés, écoutés comme des hommes d'expérience et capables de donner un bon conseil. Honorons donc les vieillards, ils sont nos supérieurs par l'âge et nos maîtres par la sagesse. Dieu nous en fait une obligation formelle. « Levez-vous par respect, dit-il, devant une tête blanchie par les années. » (*Lévit.*, XIX, 32.)

Qui ne connaît ce terrible exemple de ces quarante-deux enfants de la ville de Béthel qui, ayant osé insulter au saint vieillard Élisée, et s'étant raillés de lui parce qu'il était chauve, furent à l'instant dévorés par des ours furieux sortis de la forêt voisine ? Ils péchèrent plus par étourderie que par malice, et cependant, si le Seigneur les a punis avec tant de sévérité, ne serait-ce pas pour dire dans toutes les générations à venir : Enfants, respectez la vieillesse ?

Un petit Chinois.

Un enfant chinois, nommé Min-Sun, perdit sa mère jeune encore. Son père, s'étant remarié peu de temps après, eut deux enfants de cette seconde épouse. Mais autant la première était bonne pour le jeune Min-Sun, autant la seconde se montrait dure et méchante envers lui. Elle n'avait pour cet enfant que des paroles méchantes ; elle le rebutait, ne pouvait le souffrir auprès d'elle ; et pendant qu'elle le privait même du nécessaire, elle accablait de caresses ses deux autres fils.

Elle poussait la dureté à l'égard de ce pauvre enfant, qui cherchait tous les moyens de lui plaire, jusqu'à le battre. Un jour, dans ses fureurs, cette mauvaise mère lui donna un grand coup sur l'oreille parce qu'il pleurait ; il tomba évanoui. Le père survint au moment où l'enfant reprenait ses esprits et se relevait de sa chute. Ému et indigné des mauvais procédés de sa nouvelle épouse, il se repentit de sa faiblesse et de l'ascendant qu'il avait laissé prendre à cette mauvaise femme, et voulait la chasser de la maison. A l'instant Min-Sun se jette aux pieds de son père, et, embrassant ses genoux, lui dit avec attendrissement : « O mon père ! nous sommes trois enfants dans la maison ; je suis seul à pâtir ; si vous renvoyez notre mère, hélas ! nous souffrirons tous les trois. »

Le père écouta son fils ; et cette femme, frappée du bon sens et encore plus du bon cœur de ce généreux enfant, changea totalement de conduite, et depuis ce jour elle partagea également, sinon sa tendresse, du moins ses soins entre Min-Sun et ses deux enfants.

AUTRES EXEMPLES

Pierre.

Un enfant de l'hôpital des Enfants-Trouvés de Paris, où il avait été baptisé sous le nom de Pierre, fut envoyé avec d'autres à Saint-Quentin, chez des particuliers, pour y être nourri aux frais de l'hospice. Lorsqu'il eut atteint l'âge de douze ans, on vint le retirer; mais Pierre s'enfuit et revint à Saint-Quentin. Un traiteur de cette ville, touché de sa jeunesse et de sa misère, le recueillit dans sa maison et lui apprit son métier sans autre dessein que de faire une bonne action. Il en reçut bientôt la récompense; un de ses créanciers exigeant de lui le payement d'une somme, il résolut, pour faire honneur à sa promesse et se mettre à l'abri des poursuites dont il était menacé, de vendre son argenterie. Il appelle son apprenti, lui confie sa situation pénible, son désespoir, et le charge de vendre secrètement ses effets les plus précieux. Pierre dit à son patron de ne pas se presser de faire cette vente, et qu'il va travailler à le tirer d'embarras par d'autres moyens. Et, sans s'expliquer davantage, il va trouver M. de Fransure, colonel au corps royal d'artillerie, s'engage dans le régiment d'Auxonne, reçoit le prix de sa liberté, et l'apporte à son bienfaiteur. « Tenez, mon cher maître, lui dit-il, il y a longtemps que j'ai envie de servir le roi; je viens de satisfaire mes désirs; recevez le prix de mon engagement et acquittez votre dette. » Le traiteur et sa femme, fondant en larmes, embrassent le jeune homme et veulent l'obliger à reprendre son argent; mais rien ne peut ébranler sa résolution;

il les force d'accepter, et lui se rend à son corps. M. de Fransure, instruit par le traiteur de cet acte de reconnaissance, en fit part à tout le régiment, tellement il en fut émerveillé; il se chargea de donner à ce brave jeune homme des maîtres pour l'instruire, pour cultiver en lui de si belles dispositions, et le rendre capable de se distinguer dans l'état militaire, qu'il venait d'embrasser.

Le fidèle serviteur d'un chevalier de Saint-Louis.

Un ancien chevalier de Saint-Louis, réduit à la plus profonde misère, choisit la ville de Paris pour sa retraite, comme un séjour commode pour cacher à tous les yeux son nom, son indigence et ses infortunes. Il se loge dans un grenier, n'ayant pour tout mobilier qu'une botte de paille, pour habits que de pauvres lambeaux de son ancien uniforme; pour société, pour compagnie, que dirai-je enfin? pour ami, qu'un vieux domestique, qui depuis longtemps lui était fort attaché.

Un jour ce militaire, les larmes aux yeux, dit au seul témoin de sa douleur : « Mon ami, tu vois ma misère; jusqu'ici tu l'as partagée avec moi, c'est bien assez; éloigne-toi pour jamais du plus infortuné des hommes, va chercher une condition plus heureuse; il me restera encore pour regret de ne pouvoir récompenser tes services. — Ah! mon cher maître! s'écria le fidèle serviteur fondant en larmes et se jetant à ses pieds, me croyez-vous assez lâche pour vous abandonner dans votre adversité, lorsque j'ai éprouvé vos bienfaits dans votre prospérité passée? Non, je ne vous quitterai pas; mon industrie, mon activité, mon inviolable attachement me fourniront des ressources pour soulager notre commune indigence. » Le chevalier, attendri, embrasse ce serviteur zélé et généreux en lui disant : « Le Ciel, je le vois, n'a pas encore épuisé sur moi toutes ses rigueurs; puisse-t-il te récompenser de si nobles sentiments! »

Ce serviteur, plein de zèle et de confiance, eut recours aux moyens que lui suggérait son affection pour celui qu'il regardait comme son père.

Il apportait tous les jours ce qu'il avait reçu de la charité publique, et il n'était jamais plus content que lorsque ses ressources lui permettaient de se procurer un peu de vin pour son cher maître. « Bénissons la Providence, disait-il en rentrant, elle nous a favorisés aujourd'hui. » Et, par le récit de ce qu'il avait appris de plus curieux, il adoucissait encore la situation douloureuse du chevalier.

Mais un jour ce vertueux domestique fut arrêté par la police. Sa vigueur, sa constitution le firent regarder comme un de ces gens oisifs, livrés aux vices, à charge à l'État et à la société. On se saisit de lui, et on le présenta au lieutenant général de la police. Ce magistrat l'interrogea. Le serviteur, sans se déconcerter, lui demande comme une grâce de vouloir bien l'entendre en particulier, ayant un secret important à lui communiquer. Le magistrat y consentit.

« Je ne doute pas, lui dit ce brave serviteur, que vous ne m'accordiez votre protection lorsque je vous aurai fait part du motif de ma conduite. » Il l'instruisit alors de tout ce qui se passait entre son maître et lui. Le magistrat, dans l'admiration, envoya aussitôt un commissaire chez le vieux chevalier de Saint-Louis, pour s'assurer de l'exactitude du fait qu'il venait d'apprendre. L'envoyé trouva, en effet, ce malheureux militaire étendu sur une botte de paille, et vint rendre compte au lieutenant général de police de ce qu'il avait vu. Celui-ci en parla au roi, qui accorda une pension à l'officier et une autre au fidèle et zélé serviteur.

Les Spartiates respectueux.

Les Spartiates avaient un grand respect pour les vieillards. Voici un fait qui le prouve, et qui est bien capable de nous engager à les imiter. Pendant les fêtes nommées Panathénées, qui se célébraient dans la ville d'Athènes, un vieillard étant allé chercher une place dans les endroits où les Athéniens étaient assis, les jeunes gens se moquèrent de lui et le renvoyèrent avec mépris. Il se retira du côté des Spartiates : ceux-ci, fidèles à la sainte coutume de leur pays, se levèrent avec modestie dès qu'il parut, et le placèrent au milieu d'eux. Alors les Athéniens qui s'étaient joués du vieillard ne purent s'empêcher d'admirer la belle conduite des Spartiates, et firent éclater de toutes parts les plus vifs applaudissements. Des larmes coulent des yeux du vieillard, qui s'écrie : « Les Athéniens savent ce qui est honnête ; mais les Spartiates le font. »

CHAPITRE III

UN ENFANT DOIT OBÉIR A SES MAÎTRES, LES AIMER, LES RESPECTER

La piété filiale, qui unit tous les membres d'une famille, unit également tous les hommes entre eux. Il ne faut pas s'imaginer que cette belle vertu soit resserrée dans l'enceinte d'une maison. Oh ! non, elle s'étend bien au delà : la société est la grande famille de l'humanité, et elle a des droits sur nous comme en ont les auteurs de nos jours.

Le Seigneur a donc revêtu quelques-uns d'entre les hommes d'une partie de son pouvoir ; il leur a donné une sorte de paternité qui, d'enfants de Dieu que nous sommes tous, nous rend encore enfants des hommes qu'il a établis pour tenir sa place et nous gouverner. Qu'elle est consolante, cette pensée ! En obéissant à nos semblables, ce n'est point à l'homme que j'obéis, mais à Dieu, de qui émane tout pouvoir, toute autorité. Je les honore comme des ministres envoyés du Ciel, qui me transmettent les ordres et les volontés de Dieu. « Servez vos maîtres avec affection, nous dit saint Paul, regardant en eux le Seigneur et non l'homme. » (*Éph.*, VI, 7.) Et Jésus-Christ nous a donné lui-même l'exemple de cette obéissance. Il a payé le tribut de César. Ce prince n'était qu'un homme, et cet homme, à la fin des siècles, le Sauveur le jugera comme moi, comme le dernier des esclaves.

De tous les hommes qui ont droit à mes hommages, nul ne semble en avoir de plus grands, de plus nombreux, de mieux mérités que ceux qui nous instruisent à l'école de la sagesse et de la science, que ces hommes vertueux qui se sacrifient pour nous. Par leurs sages leçons ils portent dans notre entendement de vives lumières, ils ouvrent devant nous le vaste domaine des connaissances, et nous servent de guide et de soutien pour y arriver. Ils nous éloignent avec le plus grand soin des voies du mensonge et de l'erreur; ils nous font aimer et chérir la vérité, nous en découvrent les charmes, nous en montrent les trésors et nous en font goûter les fruits délicieux. Ils donnent à notre âme un généreux essor, lui montrent sa noblesse et ses hautes destinées, la pénètrent d'une clarté toute divine dans la contemplation des œuvres du Créateur, et, la dégageant peu à peu des choses périssables, ils l'attachent avec ravissement à celles qui sont éternelles, aux biens ineffables de la céleste patrie. Ils forment notre cœur à tous les beaux sentiments, l'embellissent d'ornements précieux, de sublimes vertus; détruisent en lui jusqu'au germe des vices, dissipent ses illusions, règlent ses goûts, modèrent ses désirs par des efforts qui sont de chaque jour et qui ne se lassent pas. Quels bienfaits! et quel droit n'ont pas de tels maîtres à notre reconnaissance, à notre amour!

Mais nous sommes encore plus redevables à d'autres maîtres, à ceux qui sont revêtus du caractère sacré du sacerdoce. C'est à eux que le Seigneur a dit : « Allez, enseignez toutes les nations... Celui qui vous écoute m'écoute; celui qui vous méprise me méprise. » Le prêtre! mais c'est le père des chrétiens, l'interprète de la loi divine, le docteur de la foi, le dispensateur des dons célestes. Il nous enfante à la grâce, nous guide dans la route obscure des mystères que notre faible raison ne saurait pénétrer. Il offre au Seigneur le sacrifice de l'Agneau sans tache : il porte nos vœux au Ciel, et fait descendre des grâces en abondance qui enrichissent nos âmes. C'est le ministre de la consolation, de la miséricorde et de la paix; c'est le médecin de nos âmes, l'envoyé de Jésus-Christ, son image sur la terre, l'image du Très-Haut qui nous conduit dans la route qui aboutit au ciel. O dignité du prêtre du Seigneur, qui surpasse celle des plus grands monarques de la terre!

Que de titres à nos respects, à notre vénération leur donne l'auguste caractère dont ils sont revêtus! Non, il n'est point vertueux, il est sacrilège, celui qui méprise les ministres du Seigneur. Il blesse à la prunelle de l'œil Dieu, qui les a faits nos pères et nos maîtres dans la foi, eux qui sont, d'une manière toute particulière, ses représentants auprès de nous.

Aristote.

Alexandre le Grand aima et vénéra toute sa vie son précepteur, l'illustre Aristote, comme un de ses plus proches parents. Il disait souvent qu'il ne se croyait pas moins redevable à ce précepteur qu'à Philippe, son père; et la raison qu'il en donnait, c'est que, si « celui-ci lui avait donné la vie, celui-là lui avait appris à vivre ». Par reconnaissance pour Aristote, Alexandre releva Stagire, sa ville natale, que Philippe avait détruite.

AUTRES EXEMPLES

Arsène.

L'empereur Théodose le Grand, voulant élever ses fils, Arcadius et Honorius, en princes chrétiens, fit chercher un homme d'une science et d'une piété reconnues pour leur servir de précepteur. Le pape Damase, auquel il s'était adressé, lui envoya un diacre de l'Église romaine, nommé Arsène. Arrivé à Constantinople, Théodose, pour lui donner plus d'autorité, le fit sénateur et le combla d'honneurs et de richesses, et, lorsqu'il lui confia ses fils, il lui dit : « Vous serez désormais leur père plus que je ne le suis moi-même. » Ce père, vraiment chrétien, faisait voir par ses paroles ce que vaut une bonne éducation. L'empereur étant un jour entré dans l'appartement où Arsène instruisait les princes, il vit l'un et l'autre habillés magnifiquement, assis sur de superbes sièges, et Arsène debout devant eux, leur donnant ses leçons. « Comment, s'écria Théodose, est-ce là la tenue que doivent observer les disciples devant leur maître? Descendez, mes enfants, et qu'Arsène monte à votre place; c'est à vous, ses disciples, d'écouter avec respect tout ce qui sort de sa bouche. » Il obligea Arsène à se mettre dans le magnifique siège, et commanda, de manière à vouloir être obéi, que la leçon ne se donnât jamais autrement. Voilà ce qu'un des plus grands empereurs pensait du respect que les élèves doivent avoir pour leur maître.

Un ingrat.

Un philosophe avait, pendant plusieurs années, donné tous ses soins à l'instruction d'un jeune homme. Celui-ci, loin de répondre, comme il le devait, par des marques de reconnaissance envers ce maître zélé, affectait de le mépriser; il eut même un jour l'insolence de l'insulter, lui disant qu'il ressemblait à un vilain animal qu'il lui nomma. « Je ne sais, lui répondit le philosophe indigné, si je ressemble à cet animal; mais je sais bien, moi, que vous ressemblez à un ingrat, qui est le plus méprisable et le plus haïssable de tous les animaux. »

Voilà ce que l'on peut dire, avec raison, à tant d'enfants qui manquent de reconnaissance envers leurs maîtres, ou qui ne répondent à leurs bienfaits que par un indigne mépris, et même par de grossières insultes.

Saint Stanislas Kostka.

Stanislas Kostka obéissait à ses supérieurs avec tant de fidélité, que le maître des novices disait qu'il ne croyait pas possible d'y rien ajouter. On l'appelait quelquefois en riant le *Tout-Puissant,* parce qu'il ne trouvait jamais de difficulté dans l'accomplissement de ce qu'on lui ordonnait. Lorsqu'on lui prescrivait quelque chose, il montrait, par la manière respectueuse et pleine de bonté avec laquelle il écoutait, le plaisir qu'il avait à obéir aux personnes préposées à sa conduite. Un jour qu'il était allé servir aux offices avec un autre, un des officiers les envoya tous deux chercher du bois, et, dans la crainte qu'ils ne se blessassent, il fixa la quantité qu'ils en devaient prendre, et leur ordonna de l'apporter ensemble. Le compagnon de Stanislas, se laissant aller à une ferveur excusable, fit la charge du bois plus grosse qu'il n'était ordonné, et, lorsqu'elle lui sembla suffisante, il engagea Stanislas à la soulever d'un côté, pendant qu'il la prenait de l'autre; mais celui-ci, au lieu de faire ce qu'il lui disait, le regarda en souriant, et lui dit qu'à moins qu'il ne voulût diminuer la charge, il ne pourrait lui aider. L'autre, édifié de la profonde obéissance de son confrère, y consentit. (*Les Écoliers vertueux.*)

Un Philosophe athénien et son Disciple.

Vos maîtres ont pour eux l'expérience, et en outre des lumières supérieures aux vôtres. Il faut donc préférer leur manière de voir, d'agir, à la vôtre, et leurs sentiments à vos propres idées. Rapportons un exemple d'autant plus frappant qu'il a pour sujet un païen. Un philosophe ayant appris qu'un de ses disciples avait commis une faute : « Je ne vous pardonnerai pas, lui dit-il, que vous n'ayez souffert patiemment, pendant trois ans, les injures de tout le monde. » Le disciple y consentit, et, étant venu au bout de trois années pour obtenir son pardon : « Je ne vous pardonnerai point encore, lui dit le philosophe, si, pendant trois autres années, vous ne donnez de l'argent pour qu'on vous dise des injures. » Le disciple se soumit à cette seconde épreuve; et, après qu'il eut satisfait : « Je vous pardonne maintenant, lui dit son maître, et vous pouvez apprendre la sagesse à Athènes. » Le jeune homme y alla, et, à son arrivée, entendant un philosophe qui avait coutume de dire des injures à ses nouveaux auditeurs pour éprouver leur patience, se mit à rire de celles qu'il lui disait à son entrée. « Comment! lui dit le philosophe, je vous dis des injures, et vous riez! — Hé quoi! lui répliqua le disciple, j'ai donné de l'argent pendant trois années afin qu'on me dît des injures, et à cette heure que je trouve un homme qui m'en dit pour rien, vous ne voulez pas que je fasse éclater ma joie! — Entrez, lui dit alors le philosophe, vous êtes propre pour l'étude dont nous nous occupons ici. »

Alexandre le Grand.

Nous devons par-dessus tout honorer les prêtres du Seigneur, eux qui nous ont introduits dans l'assemblée des saints et nous ont rendus les frères et les membres mêmes de Jésus-Christ. Alexandre le Grand avait conquis presque tout l'univers connu; « la terre, dit l'Écriture, s'était tue en sa présence. » Marchant contre Jérusalem, le grand prêtre Jaddus va à sa rencontre revêtu de ses ornements pontificaux, accompagné des lévites et suivi d'un peuple immense. A sa vue, le conquérant dépose son orgueil, descend de cheval, se prosterne à terre devant le pontife. Parménion, favori du prince, s'en étonna et lui en demanda la raison. Alexandre lui fit cette belle réponse, digne d'être gravée dans le cœur de tous les chrétiens : « Ce n'est pas lui que j'adore, c'est le Dieu qu'il représente. » Ce prince fit plus, il pardonna aux Juifs, qu'il voulait punir pour être demeurés fidèles à Darius; et en cette occasion, comme en tant d'autres, la religion sauva l'État.

C'est ainsi que, dans la loi nouvelle, nous avons saint Léon, pape, et saint Loup, évêque de Troyes, commandant le respect au farouche Attila; saint Martin, évêque de Tours, au tyran Maxime. Ce saint prélat s'étant rendu auprès de cet empereur, lorsqu'il était à Trèves, pour obtenir quelques grâces, Maxime le fit manger à sa table avec les plus illustres personnages de sa cour, et le fit asseoir à sa droite. Quand on offrit à boire, l'officier présenta la coupe à Maxime, qui la fit donner à saint Martin, pour la recevoir ensuite de sa main. Mais ce grand saint la présenta au prêtre qui l'avait accompagné à la cour. Cette sainte hardiesse ou plutôt cette vive lumière de la foi qui lui faisait préférer le ministre du Seigneur à l'empereur et à toute sa cour, fut admirée du prince et de tous ses courtisans.

DIALOGUE
SUR
LE RESPECT ET LES ÉGARDS DUS AUX VIEILLARDS
ET AUX MAITRES

PERSONNAGES

FRANÇOISE, URSULE, LOUIS, JEAN-BAPTISTE, FLORIMOND

FRANÇOISE. — Réjouissez-vous, mes amis, je viens de voir mon oncle Simon, chez qui ma mère m'avait envoyée ce matin pour m'informer de ses nouvelles : il est mieux, bien mieux : il ne tardera pas à être sur pied, et j'espère bien qu'il sera en état dans une quinzaine de jours, de faire avec nous la fête des Rois.

FLORIMOND. — Ah! que j'en suis satisfait! tu ne pouvais rien nous dire, Françoise, qui me fût plus agréable; j'aime tant mon oncle Simon, j'ai pour lui un si profond respect! Je crois bien que c'est celui de nos parents, après mon père et ma mère, que je chéris et que je vénère le plus.

JEAN-BAPTISTE. — J'en dirai tout autant.

LOUIS. — Et moi, donc? Hors de la maison, je ne vois que cet excellent oncle; je ne pense qu'à lui : pour lui je serais disposé à tout; rien ne me coûterait.

URSULE. — C'est très bien d'avoir ces sentiments pour le frère de notre mère : il en est digne sous tous les rapports; mais ce n'est pas une raison pour laisser en arrière nos autres parents.

LOUIS. — Ta réflexion est juste : nous devons aussi les aimer et les respecter, leur rendre, selon les temps et les circonstances, tous les services corporels et spirituels dont nous sommes capables. La raison, c'est que nous avons avec eux une origine commune : c'est le même sang qui coule dans nos veines, ils ont les mêmes aïeux; et si les devoirs qui nous lient à leur égard sont moins rigoureux que ceux qui nous engagent vis-à-vis de notre père et de notre mère, ils n'en sont pas pour cela ni moins sérieux ni moins inviolables.

JEAN-BAPTISTE. — Sans doute de graves obligations nous sont imposées par cette origine; mais la religion nous porte à en reconnaître une autre que nous partageons avec eux, qui est plus sacrée encore : c'est que, comme nous, ils viennent de Dieu; comme nous, ils sont ses enfants.

FLORIMOND. — A ce dernier titre, nous devons aussi nous conduire convenablement, sous tous les rapports, envers les étrangers eux-mêmes; car il n'y a pas un homme qui n'appartienne à Dieu, dont il ne soit le père et qu'il n'ait créé à son image.

FRANÇOISE. — Heureux et bénis sont les enfants qui comprennent cela; ils rendent à chacun ce qui lui revient; constamment polis, bons, affables, serviables, respectueux, on les accueille partout avec bienveillance; partout on les désire, partout on les propose pour modèles à ceux de leur âge.

URSULE. — Efforçons-nous donc d'être du nombre de ces enfants, non pas pour qu'on nous en fasse compliment, ce serait une vanité ridicule, mais pour faire plaisir à nos parents, pour nous rendre plus agréables à Dieu.

LOUIS. — Cependant il me semble que nous ne disons pas tout sur ce sujet : parmi ceux qui sont étrangers à la famille, il y a, je crois, des distinctions à faire. Nos voisins, par exemple, les vieillards, nos maîtres; n'avons-nous pas à remplir à leur égard des obligations qui demandent toute notre bonne volonté, toute notre exactitude, quoique à des degrés différents?

JEAN-BAPTISTE. — Sans doute, mon frère. Nous sommes effectivement liés par les devoirs d'attention et de respect à l'égard de ceux qui habitent le même quartier, la même rue, la même maison que nous, mais bien plus qu'envers un étranger que nous ne voyons qu'en passant, que nous apercevons à peine une fois en quinze jours et même plus rarement encore.

FLORIMOND. — Les rencontres journalières et de tous les instants, inévitables entre gens qui vivent ainsi rapprochés les uns des autres, et souvent sous le même toit, établissent des rapports qui, sans être aussi intimes que ceux de la famille, ne manquent pas pour cela d'avoir leur bon côté et de procurer de précieux avantages. On fait souvent à ce sujet une remarque fort sage, et dont les enfants devraient se bien pénétrer, c'est que le trouble ou le maintien de ces excellents rapports dépend presque toujours de la conduite qu'ils tiennent à l'égard des personnes du voisinage.

FRANÇOISE. — Justement; n'est-il point passé en proverbe, et ne dit-on pas tous les jours que dans un quartier, dans une maison où il y a un grand nombre de locataires, les querelles viennent presque toujours par les enfants?

URSULE. — La paix et la concorde étant tout ce qu'il y a de plus désirable, si les enfants en connaissaient le prix, s'ils savaient combien elles contribuent au bonheur et à la tranquillité de leurs parents, ils se montreraient honnêtes et prévenants envers tous ceux qui les entourent, quand bien même ils ne seraient pas unis par les liens du sang; ils seraient toujours prêts à rendre service, constamment remplis de respect pour tout le monde, empressés à faire plaisir aux autres.

LOUIS. — C'est absolument la manière dont se conduit notre petit cousin Christophe dans son faubourg Saint-Antoine, rue Saint-Bernard. On donne en riant à la maison qu'il habite le nom d'arche de Noé, tant elle contient de monde de divers états et de différents âges. Dans les escaliers, dans les cours, en toute rencontre, Christophe a toujours la casquette à la main; si on l'interroge, c'est avec politesse, avec respect qu'il répond; si on lui demande un petit service, si on le prie de faire une commission : « Je le veux bien, dit-il, de tout mon cœur; tout de suite, tout de suite, après que j'en aurai été demander la permission à ma mère. »

JEAN-BAPTISTE. — On m'a même dit qu'il est si bien connu dans la maison et aux alentours pour sa déférence, pour sa bonne volonté, pour son honnêteté, que, si on est deux jours sans le voir, il semble qu'il vous manque quelque chose, et l'on demande de ses nouvelles, aussi bien que s'il s'agissait d'une personne avancée en âge.

LOUIS. — C'est que Christophe, tout jeune qu'il est, rend des services sérieux, de même qu'on pourrait le faire à vingt ans. Ainsi, il n'y a pas trois semaines qu'un des voisins de sa famille était à toute extrémité. Ce voisin n'avait qu'une sœur, qui le soignait avec tant d'assiduité, qu'elle ne mettait pas le pied dehors, même pour les commissions les plus indispensables : les uns et les autres venaient alors à son aide. Un jour que tous les locataires étaient chacun de leur côté à leur travail ou à leurs affaires, elle se lamentait devant notre cousin de ce que, se trouvant absolument seule auprès de son frère, elle ne pouvait point aller à l'église prévenir de son état et lui procurer les derniers secours de la religion. « Ah! si ce n'est que cela, Madame, lui dit le bon Christophe, j'irai bien, moi. Ma mère ne demande pas mieux, soyez-en certaine. Je sais bien où demeure M. le curé. » Ce qui fut dit fut fait : Christophe s'acquitta de son message avec autant de promptitude que de bon vouloir. Un des prêtres de la paroisse accourut aussitôt, le malade fut confessé et administré, de telle sorte qu'étant mort dans la nuit même, il y a tout lieu de croire qu'il a fini en bon chrétien et que Dieu l'a reçu dans sa miséricorde.

FLORIMOND. — Excellent Christophe! quel exemple il nous donne à tous, malgré son âge encore tendre!

LOUIS. — Bah! ce n'est pas le nombre des années qui rend poli, complaisant, respectueux et dévoué; c'est la docilité aux bons conseils, c'est une franche détermination à les mettre en pratique.

FRANÇOISE. — Et voilà les fruits qu'on en retire : une douce joie pour soi-même, la joie des cœurs généreux, la joie d'avoir fait une bonne action ; puis, pour les autres, un grand avantage.

URSULE. — C'est exact; je ne vois point que l'on puisse rendre un plus signalé service à un mourant que de faire ce que Christophe a fait.

FRANÇOISE. — On n'aime pas à penser à ce qui fût arrivé si le fils de mon oncle eût été grossier, impoli, s'il eût tourné les talons en laissant cette pauvre fille dans l'embarras, ou même en se disant intérieurement : *Elle peut bien y aller elle-même.*

JEAN-BAPTISTE. — Voilà qui est très bien : en imitant Christophe on se maintiendra toujours en bonne intelligence avec ses voisins, on conservera toujours leur estime et leur affection; mais ce n'est pas tout, nous avons d'autres personnes encore à respecter, comme l'a fort bien fait remarquer Louis. Ce sont les vieillards; nous devons aussi les regarder en quelque sorte, aussi bien que nos parents, comme les représentants et les images de Dieu. Par leurs cheveux blancs, par leur âge, par leurs vertus, par l'expérience acquise durant une longue carrière, ils ont droit à des égards de notre part, et à notre déférence en toutes choses. Les avantages qui naissent de ces égards et de cette déférence sont très précieux, et doivent nous engager à faire tout ce qui est en nous pour que nous n'en soyons pas privés par notre faute. Ces avantages seront d'abord l'approbation des gens de bien; ensuite, et ce qui l'emporte sur tout, la protection et l'amitié de Dieu, qui nous ordonne de vénérer et d'honorer les vieillards. Les païens eux-mêmes, quoiqu'ils ne fussent point éclairés de la vraie lumière, observaient ce précepte; et l'histoire rapporte, entre autres, que dans une ville de l'antiquité tous les assistants se levaient respectueusement lorsqu'un vieillard paraissait dans un lieu public, et que les jeunes gens, comme à l'envi, se faisaient un devoir de lui donner la première place. Sur la même ligne, et dans un degré encore plus élevé, nous devons à nos maîtres un respect profond, un amour sincère, une docilité de tous les instants, une grande reconnaissance.

FLORIMOND. — Eh ! qui leur refuserait cet hommage, puisqu'ils ont reçu des familles et de Dieu lui-même l'honorable mission d'élever les enfants, et que, dans ce monde, ils tiennent auprès d'eux le premier rang après leurs pères et leurs mères?

Louis. — Comment, en effet, ne regarderait-on pas comme digne de respect celui qui ne s'étudie qu'à nous donner de bons exemples, qui veille sur notre conduite comme un ange tutélaire, qui a pour nous le cœur d'un père, la tendresse d'une mère, et qui chaque jour en remplit les devoirs, supportant avec une patience et une résignation toutes chrétiennes les ennuis et les dégoûts inséparables d'un état dans lequel il faut répéter sans cesse les mêmes choses, et descendre à chaque instant au niveau d'une multitude d'intelligences qui commencent à peine à se développer?

Françoise. — Comment aussi ne point aimer ces guides de notre jeunesse, dont l'amour pour nous les porte à consacrer leur temps, leurs veilles et toutes leurs facultés à notre instruction; qui vont jusqu'à compromettre et altérer leur santé pour conduire à une heureuse fin la tâche dont ils se sont chargés, qui se privent de tout repos, de toute satisfaction, et qui ne s'arrêtent que lorsqu'ils ont formé plusieurs générations d'enfants, et que, leurs forces étant entièrement épuisées, il leur devient impossible de poursuivre leur laborieuse carrière.

Ursule. — Aussi combien ne serait-il pas à désirer que les enfants fissent, autant que le comporte leur âge, de bonnes réflexions, et qu'ils comprissent que le meilleur moyen de rendre ces soins profitables et ces leçons fructueuses consiste à les recevoir avec docilité! Cette docilité est en même temps une satisfaction pour les maîtres, la plus belle récompense de leurs travaux, un encouragement à persévérer dans leur vie de sacrifice et d'abnégation. Écoutons donc leur voix amie avec les mêmes dispositions que nous écouterions la voix de notre père, de notre mère et celle de Dieu. Ah! qu'il est déplorable l'exemple de ces enfants qui se raidissent contre l'autorité de leurs maîtres, qui ne tiennent aucun compte de leurs avis, qui s'irritent de toute réprimande, et qui insensiblement en viennent à ce point d'indisposer contre eux le plus grand nombre de leurs camarades, en les entraînant à leur suite, et en les faisant entrer dans leurs complots!

Louis. — C'est là le dernier degré de l'indocilité : indocilité d'autant plus coupable, qu'il s'y mêle une certaine méchanceté, une certaine noirceur; ils en recevront infailliblement leur punition : Dieu châtie tôt ou tard les enfants méchants et indociles.

JEAN-BAPTISTE. — Le premier châtiment qui les frappera (ils ne sauraient s'y soustraire), ce sera l'ignorance dans laquelle ils grandiront; puis les défauts qu'ils auront contractés dans leur enfance et dans leur jeunesse, défauts dont ils ne seront pas corrigés; enfin leur inutilité dans le monde les rendra méprisables et odieux : on ne les considérera que comme de mauvais citoyens; et pourquoi? C'est qu'ils n'auront été dans les classes que de mauvais écoliers. — Voilà donc l'abîme où l'on peut être précipité en s'abandonnant, dans ses rapports avec ses maîtres, aux mouvements et aux écarts d'un esprit indocile!

LOUIS. — Permettez-moi de vous raconter, à ce sujet, un fait dont j'ai été témoin il n'y a pas fort longtemps, et qui m'a tellement fait impression que je ne l'oublierai jamais. Un jeune homme que je connais et que vous connaissez comme moi, mais que je ne nommerai pas, travaille comme ouvrier chez M. François. On lui offrit dernièrement une place de contremaître dans cet établissement si considérable. Mais il se vit dans la triste nécessité de refuser, à cause de son ignorance. Et ce malheureux, je l'ai entendu, maudissait presque ses parents, qui n'avaient pas eu assez de fermeté pour le forcer à fréquenter assidûment les classes lorsqu'il était enfant, ainsi que ses maîtres, qui n'avaient pas su, disait-il, l'attirer à eux, le gagner et lui donner du goût pour l'étude.

JEAN-BAPTISTE. — C'est bien difficile, pour ne pas dire impossible, de donner du goût à ces enfants qui ont des père et mère qui négligent de les envoyer aux écoles.

FLORIMOND. — Ces tableaux n'expriment que trop la vérité; mais ils sont bien tristes : détournons-en nos regards, et récréons-les en considérant le bonheur que goûte un enfant à faire éclater sa reconnaissance pour ceux qui prennent la sollicitude de lui enseigner les sciences humaines, et, par-dessus tout, de le former à l'amour et à la pratique de la religion et de la vertu. Heureux celui qui est animé de si bons sentiments! Qui, en effet, a plus de droits à la sincérité et à l'expression de ces sentiments que le maître, dont l'existence nous appartient en quelque sorte, qui nous montre et nous apprend tout ce qu'il sait? Et si un jour, dans la société, il nous arrive de rendre quelques services, d'y prospérer, et d'y être recherchés et appréciés, ne sera-ce point aux leçons reçues dans le jeune âge que nous en serons redevables? Ces avantages sont grands sans doute, mais ils le cèdent encore à un autre qui est inappréciable. En effet, la vertu, à laquelle on nous aura formés de bonne heure; la religion, qu'on nous aura appris à aimer, à respecter, à suivre dans toutes ses prescriptions, nous ouvriront les portes éternelles après avoir fait notre félicité sur la terre. Ne sont-ce pas là des titres à notre gratitude, titres auprès desquels rien n'est comparable, et qui devraient être gravés dans nos cœurs en ineffaçables caractères?

LOUIS. — En terminant cet entretien, nous pouvons donc dire que l'on fonderait avec raison de grandes espérances sur un enfant qui, d'un côté, en se conduisant comme vient de l'expliquer Florimond envers ses maîtres, aurait ainsi tous les égards convenables pour ses autres parents, pour les étrangers eux-mêmes, et aussi pour ceux qui vivent dans le voisinage ou dans l'intimité de la famille. Mettons à profit, mes chers amis, la petite leçon que nous venons, pour ainsi dire, de nous donner nous-mêmes, en parlant à cœur ouvert et en apportant en commun ce que nous avons appris, chacun dans nos écoles, de la bouche de nos maîtres, ou bien dans la compagnie de notre père et de notre mère. Nous leur prouverons, par notre bonne volonté, et en n'agissant sous tous les rapports que d'une manière convenable, que nous désirons en tous points leur faire plaisir, leur témoigner notre reconnaissance, et leur prouver que nous les aimons de tout notre cœur.

OBÉISSANCE AUX PARENTS

CHAPITRE I

IL FAUT OBÉIR A SON PÈRE ET A SA MÈRE, C'EST LA VOLONTÉ DU SEIGNEUR

Rien n'est plus particulièrement recommandé dans la sainte Écriture, et surtout dans un de ses plus beaux livres de morale, l'*Ecclésiastique*, qui est rempli de préceptes admirables et des plus sages conseils. « Enfants, dit cet auteur sacré, écoutez les avis de votre père et suivez-les, afin que vous soyez sauvés, car Dieu a rendu le père vénérable aux enfants, et a affermi sur eux l'autorité de la mère. »

Jésus-Christ lui-même nous a donné un bel exemple d'obéissance. Roi du ciel et de la terre, tout est assujetti à son empire; cependant l'Évangile nous dit qu'il vécut sur la terre dans la condition la plus assujettie, qu'il se soumit à Joseph et à Marie, et passa les trente premières années de sa vie dans une parfaite et entière obéissance à leur égard.

Isaac avait déjà donné, dans l'ancienne loi, un exemple frappant de cette obéissance filiale. Qu'il est beau de voir ce fils conduit par son père sur une montagne où il doit être immolé, selon que ce bon père en a reçu l'ordre du Ciel même! de le voir si résigné, si soumis, si obéissant! Il fait tout ce que demande de lui son père, ou plutôt ce qu'exige la volonté du Seigneur : il se couche sur le bûcher qui doit le consumer, s'y laisse attacher; il va recevoir le coup mortel, et il est résigné; déjà le bras qui doit le frapper est levé, il accepte la mort!... Mais Dieu, content d'Isaac, qui sacrifie sa vie, et de son père, qui sacrifie son fils, fit entendre sa voix : « Abraham! Abraham! n'immolez pas votre fils; je connais maintenant que vous craignez Dieu, puisque, pour m'obéir, vous n'avez pas épargné ce que vous avez de plus cher. » Il lui promit en même temps qu'il répandrait sur lui et sur Isaac ses plus abondantes bénédictions, en multipliant sa postérité comme les étoiles du ciel et comme le sable qui est sur les bords de la mer, et que toutes les nations seraient bénies dans sa race.

Mais Dieu, qui se plaît à récompenser, à bénir l'obéissance des enfants soumis aux ordres de leurs pères, n'a que des châtiments et des malédictions pour ceux qui manquent à ce devoir sacré. Ainsi Absalon, après avoir longtemps conspiré contre son père, porta la méchanceté jusqu'à la révolte; il prit les armes contre l'auteur de ses jours et tenta de le détrôner. David cependant envoya ses troupes pour s'opposer aux rebelles, recommandant toutefois à son général d'épargner son fils, supposé qu'on eût l'avantage sur lui. Les deux armées en étant venues aux mains, celle d'Absalon, quoique bien plus nombreuse, fut mise en déroute et entièrement défaite, et le prince rebelle fut obligé de fuir. Mais, ô providence, ô sagesse divine ! la mule qu'il montait, courant à toute bride, passe sous un chêne touffu ; la longue chevelure du fils rebelle s'embarrasse dans ses branches, et le cavalier reste suspendu, tandis que sa monture poursuit sa route. Cependant Joab, général de l'armée victorieuse, arrive, et malgré la défense de David lui perce le cœur de trois dards. Sans doute que Dieu permit cette désobéissance de la part du général pour punir la révolte et l'ingratitude d'Absalon.

Qu'on juge, par ce fait, combien c'est une faute grave que la désobéissance, combien sont abominables, aux yeux du Seigneur, les enfants rebelles et ingrats.

CHAPITRE II

IL FAUT OBÉIR A SES PARENTS, RIEN DE PLUS RAISONNABLE

Quelle autorité plus sainte, plus sacrée que celle des parents? Ils sont naturellement les maîtres, les seigneurs, les rois de leurs enfants; mais aussi quelle autorité plus douce, plus aimable, plus bienveillante? Le bon fils se sent naturellement porté à s'y soumettre ; c'est une nécessité, c'est un besoin pour lui. En effet, tout enfant raisonnable, tout enfant craignant le Seigneur ne manquera pas de se dire : Si Dieu paraissait tout à coup et que de sa propre bouche il m'intimât sa volonté, ses ordres, est-ce que je pourrais me dispenser d'obéir ? Ah ! certes, avec quelle promptitude, avec quelle joie et quel bonheur j'exécuterais ses divines volontés, et pour cela dussé-je mourir ! Eh bien ! ceux qui m'ont donné la vie, qui tiennent à mon égard la place de ce Dieu tout-puissant, qui est mon Créateur, mon premier Père, sont les dépositaires de son autorité ; il faut donc que je leur obéisse comme à Dieu même.

Au contraire, il agit contre la raison, et se montre rebelle à Dieu, celui qui résiste à la volonté de son père et de sa mère ; il ferme son cœur à la voix du Ciel pour l'ouvrir à je ne sais quelles folles passions. Ah ! chers enfants, la vie où nous marchons est semée de périls ; c'est une mer remplie d'écueils où, pour éviter le naufrage, un habile pilote est nécessaire. Eh ! quel pilote plus intéressé à vous conduire sûrement au port qu'un bon père et une tendre mère ? Ils ont traversé les passages de la vie où vous vous trouvez, ils en connaissent les dangers. Plus que personne, ils désirent votre bonheur, ils y travaillent par leurs sages conseils, par les ordres qu'ils vous donnent et les défenses qu'ils vous font.

Qu'il est malheureux l'enfant qui ne s'aperçoit pas qu'il s'égare en violant le devoir sacré de l'obéissance ! Il cherche à s'affranchir de ce joug, qui lui semble dur et insupportable, et, comme l'aveugle qui marche seul sur le bord d'un précipice qu'il ignore, il tombe bientôt jusqu'au fond de l'abîme. Cependant ce n'est que par l'obéissance qu'on se met dans la sainte et heureuse liberté des enfants de Dieu. Otez la volonté propre, dit saint Bernard, il n'y aura plus d'enfer.

Heureux l'enfant bien né qui comprend ce que c'est que l'obéissance : comme il se trouve satisfait, content, quand il peut témoigner sa tendresse à ses parents, à qui il est si redevable, suivre la volonté de ceux qui ont tant fait pour lui, qui l'ont satisfait dans ses désirs, qui ont su même les deviner, quand sa langue, muette encore, ne pouvait les faire connaître ! Ah ! sans aucun doute, ce qui plaît à ses parents lui plaira également, leur volonté sera la sienne, leur bonheur son bonheur ! Il vole où l'obéissance l'appelle, il prévient leurs désirs, il cède à leurs moindres avis, il les devine : telle est l'obéissance qui n'est pas dictée par la crainte, ce tyran cruel de l'âme, mais par un bon cœur qui ne trouve rien de pénible, rien de difficile à la voix de parents qu'il chérit.

Sa soumission va plus loin encore : elle l'éloigne de tout ce qui pourrait causer la moindre peine à ce bon père, à cette tendre mère : elle le retient auprès d'eux ; elle lui interdit ces liaisons dangereuses, ces sociétés qu'ils verraient avec peine ; elle le prive de ces amusements qu'ils trouveraient inconvenants, déplacés, périlleux ; elle règle, en un mot, toute sa conduite en réglant sa volonté. S'il tombe dans quelque faute, il ne cherche pas à la cacher ; le mensonge n'est pas sur ses lèvres, encore moins dans son cœur qui le déteste ; il fait simplement l'aveu de ses manquements et de ses torts comme un malade expose son mal au médecin ; il reçoit avec reconnaissance leurs conseils, leurs leçons ; il copie leur prudence, leur sagesse, leur douceur, leur tempérance et toutes leurs vertus, pour en revêtir, comme du plus bel ornement, celui qui doit faire leur gloire aux yeux de Dieu et des hommes. Un fils qui agit ainsi se trouve en paix, et sa conscience satisfaite lui dit : Tu as rempli ton devoir ; et son cœur ajoute : Ton père et ta mère savent que tu les aimes. La joie inonde son âme, et la satisfaction qu'il éprouve se répand sur son extérieur aimable. Ainsi il trouve le bonheur là où l'enfant indocile ne trouve que peine et qu'amertume. O sainte obéissance ! vertu céleste que le Seigneur préfère aux plus grands sacrifices, source de paix et de bonheur, conservatrice de l'ordre, salut des familles, des États, délices de toutes les sociétés, puisses-tu être toujours le guide de mon cœur, m'éloigner des routes trompeuses de la propre volonté, et me conduire dans celles qui mènent à la véritable vie !

Il est cependant des circonstances où l'obéissance cesse d'être un devoir : c'est lorsque les ordres des parents se trouveraient en opposition avec les commandements de Dieu ou de la sainte Église ; mais ce cas arrive si rarement, que nous croyons suffisant de l'indiquer sans nous étendre davantage.

Le jeune Arménien.

Un enfant d'une dizaine d'années donna, il y a quelque temps, un exemple de fermeté vraiment admirable dans un âge si tendre, et qui peut être comparé à l'héroïque constance des martyrs. Il fréquentait une école chrétienne, où il goûta les admirables maximes de la vraie religion. Son père, qui était Arménien, et ennemi de la doctrine catholique, entreprit de lui faire abjurer sa foi, et voulut absolument en venir à ses fins : pour cela il employa les caresses, les promesses et les larmes même; mais tout fut inutile, l'enfant fut inébranlable. Alors le père eut recours aux menaces et aux châtiments; l'enfant les souffrit sans faire entendre la moindre plainte, il montra toujours une constance invincible. Cependant les peines que lui causait l'aveuglement de son père, bien plus que la sévérité dont il usait envers lui, le firent tomber malade. C'est dans ce temps de souffrance qu'il eut le bonheur de le voir venir à la vraie foi et changer entièrement à son égard.

Heureux enfant d'avoir su, par sa patience et par ses prières, ramener son père de ses égarements.

AUTRES EXEMPLES

L'Enfant courageux.

Deux habitants des barrières, mari et femme, vivaient, depuis longues années, dans le vice et le désordre, et, qui pis est, aux dépens d'autrui. Pour suffire à de coupables dépenses, il semble commode, quand on n'a rien dans sa poche, de prendre dans celle de son voisin. Ces malheureux avaient un fils; mais, contradiction singulière! malgré la contagion de l'exemple, l'enfant, instinctivement probe, se refusait obstinément au métier de voleur, pour lequel on avait espéré d'abord le dresser.

Les époux X***, pour se conformer à l'usage, à moins que ce ne fût pour se débarrasser de l'enfant, l'envoyèrent au catéchisme. Un jour, en présence de son auditoire, l'un des vicaires de la paroisse développait ce commandement de Dieu : *Bien* *d'autrui tu ne prendras.* Le jeune X*** se mit à fondre en larmes. Le prêtre parut n'avoir rien remarqué ; mais, son instruction terminée, il prit l'enfant à part et sollicita ses aveux.

« Hélas ! monsieur l'abbé, répondit l'enfant, à vous j'ose tout dire : c'est que, voyez-vous, tous les soirs mon père me bat parce que je ne rapporte rien à la maison... ; mais moi, je ne veux pas être voleur ! Oh ! non, j'aime mieux être battu. »

Et le courageux enfant persévéra dans sa noble conduite ; il se laissa battre plusieurs années, jusqu'au moment où le produit d'un travail honnête lui permit de se soustraire à la tyrannie de ses parents. On n'a pas assez d'éloges pour une telle conduite ; une telle probité tient vraiment du miracle.

L'Enfant mutin.

Soyons donc toujours soumis et dociles, mes amis, et gardons-nous d'imiter ces enfants mal élevés, qui ne veulent agir que selon leur fantaisie, ou bien ces enfants indociles et entêtés, qui ne savent pas céder à la volonté des autres, et qui voudraient que tout le monde se soumît à la leur.

Un gentilhomme de Provence avait un fils unique, nommé Auguste, en qui la nature semblait avoir réuni toutes les qualités qui peuvent rendre un enfant aimable ; mais elle lui avait donné en même temps un caractère indocile et revêche qui le rendait souvent insupportable aux personnes chargées de le soigner et de l'instruire. Incapable de céder à qui que ce fût, cet enfant voulait qu'on se soumît à tous ses caprices, et lorsqu'on s'avisait de s'y opposer avec fermeté, il se livrait à de si grands excès de mutinerie, qu'il allait quelquefois jusqu'à une espèce de frénésie. C'est ce qui lui arriva surtout un jour que son père était sorti du logis. Il eut la fantaisie de sortir aussi, et demanda avec un ton impérieux qu'on lui ouvrît la porte. Mais comme, après avoir tâché inutilement de lui faire entendre raison, sa gouvernante lui signifia expressément qu'il n'obtiendrait jamais ce qu'il désirait, il commença par pleurer, puis il se mit à pousser des cris qui ressemblaient à des hurlements ; enfin, ne pouvant vaincre la résistance qu'on lui opposait, et désespérant de forcer la porte, qu'on avait soin de tenir fermée, il se jette par terre, et, de dépit, se roule comme un furieux par tout le salon. Sur ces entrefaites le père arrive, demande où est son Auguste, qu'il ne voit pas, et apprend de la gouvernante qu'il est dans la triste situation qu'on vient de voir. Aussitôt il entre avec un air désolé dans l'appartement où se trouvait l'enfant, qu'il feint de ne pas voir; il frappe la terre du pied, il lève les mains au ciel, et pousse des soupirs et s'écrie : « O Ciel ! que viens-je d'apprendre ! mon fils est devenu fou ! il a porté, dit-on, la folie jusqu'à se rouler par terre comme un frénétique ! Je ne pourrai donc plus jouir de la douce satisfaction de l'avoir à mes côtés, de le tenir dans mes bras, de lui prodiguer mes caresses, et de lui donner chaque jour de nouvelles marques de mon amour ! Il faudra que je le chasse de chez moi, que je le renferme dans une maison de fous ; et ce fils chéri de qui j'attendais toute ma consolation, tout mon bonheur, fera désormais ma honte et mon tourment ! Ah ! si vous voulez me punir, ô mon Dieu, ôtez-moi la vie, je vous en conjure; mais rendez la raison à mon fils ! J'aime mieux cesser d'exister que d'avoir la douleur et l'humiliation de le voir fou ! »

Tandis que le père parlait ainsi, en donnant toujours de nouveaux signes de désespoir, l'enfant, tapi sous une table qui était au fond du salon, observait attentivement tous ses gestes, écoutait en silence toutes ses paroles, et je laisse à penser quelle était sa situation. Il tremblait, il rougissait, il versait des larmes; mais il était si confus de sa faute, qu'il n'osait se montrer. Cependant la vive douleur dont il était pénétré lui fit enfin surmonter la honte qui le retenait ; il saisit le temps où son père, qui n'avait cessé de se promener en frappant du pied, retournait vers le côté opposé à celui où il se tenait caché ; il se mit à le suivre sans bruit, marchant d'abord sur les pieds et sur les mains ; et au moment même où ce bon père se tournait en s'écriant encore : « O Ciel ! avoir un fils devenu fou ! — Non, non, papa, lui dit l'enfant en tombant à ses pieds, les larmes aux yeux, votre fils n'est pas fou ; il vous promet, au contraire, que désormais il sera bien sage. » A ces mots le père le prend dans ses bras, le presse sur son sein, l'arrose de ses pleurs, lui témoigne sa satisfaction par les plus tendres caresses ; mais ce qu'il y eut de plus satisfaisant encore pour ce bon père, qui m'a lui-même raconté cette aventure, dit l'abbé Reyre, c'est que l'enfant fut fidèle à sa promesse, et que depuis cette scène il ne lui échappa plus le moindre trait de mutinerie.

La lune.

On lit dans le *Comte de Valmont* un trait de mutinerie plus singulier encore, et qu'on aurait peine à croire s'il n'avait été attesté par plusieurs personnes dignes de foi.

Une femme d'esprit avait un fils, et craignait si fort de le rendre malade en le contredisant, qu'il était devenu un petit tyran, et entrait en fureur à la moindre résistance qu'on osait faire à ses volontés les plus bizarres. Le mari de cette dame, ses parents et ses amis lui représentaient qu'elle perdait ce fils chéri ; tout était inutile. Un jour qu'elle était dans sa chambre, elle entendit son fils qui pleurait dans la cour ; de dépit, il s'égratignait le visage, parce qu'un domestique lui refusait une chose qu'il voulait. « Vous êtes bien impertinent, dit-elle à ce valet, de ne pas donner à cet enfant ce qu'il demande ; obéissez-lui sur l'heure. — Par ma foi, Madame, répondit le valet, il pourrait bien crier jusqu'à demain qu'il ne l'aurait pas. » A ces mots la dame devient furieuse et près de tomber en convulsion. Elle court, et passant par la salle où était son mari avec quelques amis, elle le prie de la suivre et de mettre dehors l'impudent qui lui résiste. Le mari, qui était aussi faible pour son épouse qu'elle l'était pour son fils, la suit en haussant les épaules, et la compagnie se met à la fenêtre pour voir de quoi il est question. « Insolent, dit-il au valet, comment avez-vous la hardiesse de désobéir à Madame en refusant à l'enfant ce qu'il vous demande ? — En vérité, Monsieur, dit le valet, Madame n'a qu'à le lui donner elle-même. Il y a un quart d'heure qu'il a vu la lune dans un seau d'eau, et il veut que je la lui donne. » A ces mots, le mari et toute la compagnie ne purent retenir leur surprise, et la manifetèrent par de grands éclats de rire. La dame elle-même, malgré sa colère, ne put s'empêcher de rire aussi ; et ensuite elle fut si honteuse de cette scène, qu'elle se corrigea, et parvint à faire un aimable enfant de ce petit être maussade et volontaire.

C'est bien avec raison que l'auteur qualifie d'êtres maussades ces sortes d'enfants. Quoi de plus odieux, de plus méprisable, que ces caractères mutins? On déteste de tels enfants, on les abandonne, on les fuit ; au lieu qu'on aime les enfants dociles, on les recherche, on se plaît à converser avec eux, à les instruire : on sait que les leçons qu'on leur donne produiront infailliblement d'heureux effets.

DIALOGUE

SUR

L'OBÉISSANCE

QUE LES ENFANTS DOIVENT A LEURS PÈRE ET MÈRE

PERSONNAGES

CÉCILE, AUGUSTINE, GUSTAVE, FRANÇOIS, PAUL, FRÈRES ET SŒURS

PAUL. — Eh bien! Cécile, est-ce que tu ne viens pas jouer avec nous? Gustave a tout à l'heure organisé, avec la permission de nos parents, une si belle balançoire au fond du jardin, une balançoire si douce, et qui réunit si bien toutes les conditions nécessaires, que si tu étais une fois dessus tu ne voudrais plus en descendre.

CÉCILE. — Je le crois bien, et je ne demande pas mieux que d'en faire l'essai : toutefois ce ne sera pas avant que j'aie rangé dans les armoires le linge que la blanchisseuse a rapporté; c'est maman qui vient de m'en donner l'ordre il y a environ dix minutes. Aussitôt que j'aurai fini, je serai toute à vous, mes amis, et à la balançoire, persuadée d'avance qu'elle va à merveille, puisque nous en sommes redevables au savoir-faire bien connu de notre bon Gustave.

PAUL.—Alors pourquoi tardes-tu? Le linge! le linge! tu le rangeras un peu plus tard; il ne s'envolera point, pas plus que les armoires.

CÉCILE, *le regardant fixement.* — Mais dis donc, Paul, est-ce que par hasard tu voudrais me prêcher la désobéissance? Je ne te reconnais point là.

PAUL. — Te prêcher la désobéissance! Ah! Dieu m'en garde! mais tu me permettras de te faire remarquer que reculer de quelques instants une tâche dont on nous a chargés, ce n'est pas refuser de s'en acquitter, ce n'est pas désobéir.

CÉCILE. — A mon tour, je te dirai très sérieusement, et j'en ai le droit, puisque je suis ton aînée, qu'entrer dans de pareilles distinctions et agir de la sorte, si ce n'est point être désobéissant d'une manière formelle, ce n'est pourtant pas pratiquer l'obéissance dans toute la perfection.

AUGUSTINE. — Je suis complètement de l'avis de Cécile : l'obéissance est un devoir rigoureux. Tout nous fait une loi d'obéir à notre père et à notre mère : d'abord la volonté de Dieu, dont ils sont l'image pour nous, qu'ils remplacent auprès de nous et qui leur a transmis sur nous son autorité. Un enfant assez téméraire pour résister à ses parents, pour ne pas se soumettre à leurs ordres, pour ne pas s'abstenir de ce qu'ils lui interdisent, se rendrait en même temps rebelle et coupable à l'égard de Dieu. L'injure résultant de sa résistance à son père et sa mère retomberait sur Celui dont ils sont les représentants; il serait aussi répréhensible que s'il disait à Dieu : Non, je ne vous obéirai point. Ensuite la raison nous oblige également à l'obéissance, puis enfin nos véritables intérêts bien entendus et bien compris : effectivement, si, en considérant les choses sous ces deux derniers points de vue, nos parents nous commandent ou nous défendent une chose, c'est qu'étant éclairés par une longue expérience, ils savent qu'il nous sera utile, qu'il nous sera avantageux de nous conformer à ce commandement ou à cette défense sans réplique comme sans murmure.

FRANÇOIS. — Mais sais-tu, ma bonne Augustine, que tu parles comme un prédicateur?

GUSTAVE. — Frère, je me range de son côté : j'embrasse son parti! Pas de plaisanterie.

FRANÇOIS. — Je ne plaisante pas. J'ai cru ne pouvoir mieux m'exprimer pour témoigner la satisfaction que j'éprouve en entendant notre excellente sœur parler de la sorte touchant la vertu d'obéissance, que nous serions tous sans doute bien aises de pratiquer, mais sur laquelle les enfants n'ont pas toujours des notions bien nettes et bien précises.

GUSTAVE. — Alors, pour prendre la chose à son principe, Augustine aurait pu ajouter qu'obéir, c'est éviter avec le plus grand soin tout ce qui nous est défendu, et faire tout ce qui nous est ordonné. Dans ce dernier cas, pour que l'obéissance soit parfaite, pour qu'elle réponde aux intentions de nos parents, pour qu'elle les satisfasse et qu'elle nous rende agréables à Dieu, il ne suffit pas qu'on nous voie agir et nous conformer à ce qui nous a été prescrit, il faut encore que nous obéissions de notre plein gré, sans retard, en vue d'accomplir un devoir, en vue de faire plaisir et de rendre un service bien légitime sans doute à ceux qui ont tant de droits à l'attendre de nous.

PAUL. — Alors je commence à comprendre les scrupules de Cécile, sa ténacité à rester ici malgré la tentation de la nouvelle balançoire, malgré ses merveilleux avantages et toutes mes sollicitations.

AUGUSTINE. — Je connais trop Cécile, sa docilité, sa soumission, pour croire un seul instant qu'elle t'eût jamais cédé, quand bien même tu aurais été plus pressant encore, quand bien même il y aurait eu deux ou trois balançoires au lieu d'une. Cécile comprend trop que la nonchalance, que le retard à faire ce que l'on nous commande, équivaut trop souvent à un refus d'obéir.

GUSTAVE. — Ce serait bien pire encore si à cette nonchalance, à des remises qui se succéderaient indéfiniment, venaient se joindre des pleurs, des cris, des trépignements : il me semble qu'on ne saurait mieux démontrer que l'on n'est qu'un insoumis et un désobéissant, quand bien même, après un si beau tapage et une si belle comédie, on finirait par s'acquitter tant bien que mal de ce qui aurait été commandé.

FRANÇOIS. — C'est précisément ce que notre maître disait dernièrement, à l'école, d'un petit garçon qui s'en est fait renvoyer l'année dernière. Les parents du gamin, qui connaissent bien leur enfant, et ne savent que trop tout ce dont il est capable, ne gardent pas rancune au maître à cause de ce renvoi : bien loin de là, ils le visitent quelquefois et éprouvent une espèce de consolation et de soulagement à lui conter leurs peines. « Vous ne sauriez imaginer, Monsieur, lui disaient-ils dernièrement, combien Martial est indocile et de mauvaise volonté : nous n'avons que lui seul absolument dont nous puissions disposer pour faire celles de nos commissions qui sont à la portée de son âge ; cela se conçoit aisément, puisque mon mari et moi nous sommes obligés de travailler, depuis le matin jusqu'au soir, pour subvenir à nos besoins journaliers ; encore nous avons bien de la peine à mettre les deux bouts ensemble. Ce serait donc à Martial, qui commence à être un grand garçon, à prendre en considération notre gêne, nos fatigues, et à nous seconder de son mieux en nous épargnant toutes les courses ; mais, mon bon Monsieur, il n'en est rien. On dirait, au contraire, qu'il prend à tâche d'aggraver nos peines et de nous mécontenter. Si je lui donne une commission, il en a pour une heure à grommeler entre ses dents, à marmotter je ne sais quoi et à tourner les épaules. A la fin la patience nous échappe, à son père et à moi ; il attrape une danse : et c'est alors seulement qu'il commence à se mettre en route ; mais à peine est-il sorti que voilà bien autre chose : ce sont des cris si perçants, qu'ils seraient entendus d'un quart de lieue, et qui porteraient à croire qu'on l'écorche. Il finit bien par faire à peu près ce qu'on exige de lui ; mais cela n'empêche pas qu'il ne soit notre tourment à chaque instant du jour. Qu'en pensez-vous ? — Ce que j'en pense ! ce que j'en pense ! a répondu le maître. Vous m'embarrassez : bien qu'il fasse à peu près, comme vous venez de me le dire, ce que vous lui commandez, je ne puis reconnaître en lui qu'un enfant très désobéissant ; mais il est jeune ; il en pourra revenir, il pourra changer ; je le désire et l'espère de tout mon cœur pour vous et pour lui. »

Sans doute ce bon maître s'exprimait de la sorte pour ne pas décourager entièrement ces parents affligés ; mais je crois que dans la réalité leurs espérances étaient bien mal fondées.

Cécile. — C'est ce que je pense aussi. En effet, à moins d'un prodige de la bonté de Dieu, d'une ferme volonté et d'efforts inouïs, comment un enfant parvenu à sa treizième ou quatorzième année avec de semblables dispositions, qui ne font que devenir de plus en plus mauvaises à mesure qu'il avance en âge, comment et quand cet enfant changera-t-il de sentiments et de manière d'agir à l'égard de son père et de sa mère ?

François. — On ne peut pas dire cependant que cela est rigoureusement impossible. Tout est possible à Dieu, qui fait rentrer dans la bonne voie non seulement les enfants qui s'égarent, mais encore les hommes les plus pervers : cependant l'espérer, s'y fier, s'attendre à ce prodige, à ce merveilleux changement, c'est s'exposer à bien des mécomptes. La désobéissance n'est pas, comme bien d'autres défauts, isolée et sans ramification ; elle en suppose plusieurs, qui sont principalement l'entêtement, l'orgueil, la dureté, l'insensibilité du cœur. En effet, celui qui résiste à ses parents, qui ne leur obéit en rien, ne les aime pas ; car s'il les aimait véritablement, comme c'est le devoir d'un enfant bien né ; si leur image, qui est celle de Dieu, était gravée dans son cœur ; si leur tendresse, si leurs sacrifices continuels, si leurs bienfaits de tous les jours, faisaient sur lui quelque impression, il leur rendrait l'obéissance dont il leur est redevable, il la leur rendrait avec exactitude, avec une joie filiale, l'obéissance étant l'indice le moins équivoque de l'amour et de la reconnaissance.

Gustave. — Puisque François, d'après ce qu'il a entendu dire à son maître, nous a fait le portrait d'un enfant désobéissant, vous trouverez bon que de mon côté je vous cite un exemple tout contraire : je le tiens de ma tante, qui me l'a raconté dans mon dernier voyage chez elle, et, soit dit entre nous, je crois bien qu'elle avait ses vues en m'en faisant le récit : si jusqu'à présent je n'ai pas répondu à ses bonnes intentions avec autant d'exactitude et de persévérance qu'elle a pu le désirer, je n'ai rien perdu pour cela de ma bonne volonté, et j'espère qu'avec un peu de vigilance et d'attention sur moi-même je finirai par lui donner toute satisfaction.

Cécile. — Ah ! je t'en prie : ton exemple ! ton exemple ! je suis un peu pressée.

Paul. — C'est juste ; ma sœur Cécile a du linge à ranger. Si tu n'y prends garde, elle va nous échapper : connaissant sa ponctualité, sa soumission, sa bonne volonté, tu ne pourrais pas trouver cela mauvais. Hâte-toi donc, ou je ne réponds de rien au delà de quatre à cinq minutes.

Gustave. — Soit ; cela ne sera pas long. Il s'agit d'un enfant de notre âge à peu près. C'est le fils d'une intime amie de ma tante ; son père et sa mère n'ont des yeux, ne respirent et ne vivent que pour lui. C'est un hommage à rendre à la vérité, qu'il est tout à fait digne de cette affection. Aussi éclairé en religion et aussi sincèrement pieux qu'il est possible de l'être à treize ou quatorze ans, il s'étudie à remplir tous ses devoirs avec exactitude et fidélité. En première ligne, il regarderait comme un grand malheur, comme le plus grand des malheurs, de se rendre coupable de quelque faute contre les commandements de Dieu ; il sait que Dieu est son maître ; qu'il a le droit d'exiger toute soumission à sa volonté : aussi il s'y montre d'une docilité extrême ; son père et sa mère, lisant dans son cœur, qui ne leur cache rien et qui n'a rien à leur cacher, font cette touchante remarque, que sa docilité aux saints préceptes ne vient ni de l'espoir des récompenses célestes, ni de la crainte des châtiments de Dieu, mais de l'amour qu'il a pour lui. Après Dieu, c'est son père, c'est sa mère qu'il chérit par-dessus tout, qu'il préfère à tout ; et cette tendresse, cette préférence, il la leur témoigne par des égards, par une soumission, par une obéissance admirables : on voit bien qu'il a étudié, qu'il a médité la soumission et l'obéissance que le divin enfant Jésus avait pour Marie et pour Joseph dans leur sainte demeure de Nazareth. Ne croyez pas cependant, toujours d'après ce que notre tante m'a donné à connaître, ne croyez pas que cet enfant soit, comme on dit quelquefois, un petit philosophe, un petit personnage sérieux à faire peur à tous (soit dit sans te fâcher, mon frère), un petit homme qui ne se déride jamais et qui porte la tristesse partout, comme le porte-drapeau d'un régiment. Ah! si vous croyez cela, vous êtes à deux cents lieues de la vérité. Albert, car il faut bien que je vous dise son nom, afin que vous ayez le bonheur de le reconnaître et de l'entretenir, si jamais vous vous rencontrez sur son passage; Albert est bien l'enfant le plus gai, le plus divertissant, le plus rieur, le plus aimable qu'on puisse voir.

François. — Cela ne me surprend pas. J'ai toujours entendu dire, et vous l'avez entendu dire comme moi, que rien ne porte autant à l'enjouement et à la gaieté que la paix du cœur et le calme de la conscience : en allant plus loin, on trouve que ce qui entretient le plus à notre âge cette paix, ce calme, c'est la vertu d'obéissance. Comment et en quoi pourrait être inquiété et troublé l'enfant qui n'agit que d'après la volonté, d'après les ordres de ses parents? Il est toujours sûr d'être dans la bonne voie; toutes ses actions se font sous la garantie de l'expérience de ceux qui lui ont donné le jour. Aussi combien évite-t-il par là de regrets! A combien de dangers du corps et de l'âme n'échappe-t-il pas! Notre excellent père nous l'a souvent répété. Que le nombre est grand de ceux qui se sont perdus à notre âge, parce que, contre la défense qui leur en avait été faite, ils se sont obstinés à fréquenter des camarades sur le compte desquels ils étaient dans le principe sans défiance, mais que leurs parents avaient su apprécier!

Gustave. — Pour en revenir à Albert, il a toujours été présent à ma pensée depuis que ma tante m'en a parlé pour la première fois; j'ai toujours pensé à le prendre pour modèle dans son obéissance et dans sa piété filiale; c'est le plus grand témoignage de tendresse que je puisse donner à mes parents. Je n'ai pas la prétention de l'égaler; mais je ferai tous mes efforts pour suivre, au moins de loin, ses beaux exemples. Voilà mes sentiments : je pense que vous les partagez tous.

François. — Tes sentiments sont en harmonie avec les miens, et je me fais, sous ce rapport, le garant de mes frères et de mes sœurs.

ASSISTANCE CORPORELLE
DUE AUX PARENTS

CHAPITRE I

UN ENFANT DOIT ASSISTER SON PÈRE ET SA MÈRE DANS LEURS BESOINS TEMPORELS

1° De tous les devoirs que nous avons à remplir envers nos bons parents, il n'en est peut-être pas de plus important que celui de les assister dans leurs besoins. Et n'est-ce pas par les soins assidus, les veilles, les travaux, la générosité qu'exigent d'un fils les infirmités, la caducité, l'indigente vieillesse d'un père, d'une mère, que se manifestent le respect, la piété, l'amour vrai, pur, sincère et désinséressé?

Les pharisiens hypocrites ne rougissaient pas d'enseigner qu'un fils dont le père et la mère se trouvaient dans le besoin, faisait une œuvre agréable au Seigneur en offrant au temple l'argent avec lequel on aurait pu les soulager, et qu'il satisfaisait au précepte d'honorer son père et sa mère en leur disant qu'il faisait cette offrande à leur intention. S'étant donc un jour approchés du Sauveur : « Pourquoi, dirent-ils, vos disciples ont-ils la témérité de violer la tradition des anciens? ils ne daignent pas laver leurs mains lorsqu'ils prennent leurs repas. — Et vous-mêmes, leur répondit alors le Sauveur, pourquoi violez-vous le commandement de Dieu pour suivre votre tradition? Dieu ne dit-il pas formellement : Honorez votre père et votre mère ; et encore : Que celui qui aura outragé de paroles son père ou sa mère soit puni de mort? Mais vous autres, vous dites : Quand on a dit à son père ou à sa mère : Tout ce que j'offre à Dieu de mon bien tournera à votre profit, on n'est plus tenu d'assister ses parents. Ainsi donc vous anéantissez le commandement de Dieu à l'avantage de votre tradition. Hypocrites, c'est bien de vous qu'Isaïe disait dans un esprit prophétique : Ce peuple m'honore des lèvres ; mais son cœur est loin de moi. »

C'est ainsi que le Sauveur réprouve avec indignation l'offrande qu'on lui ferait au préjudice de son père ou de sa mère. Oui, certes, si nous leur refusons nos secours, fissions-nous un grand nombre d'autres bonnes œuvres, notre religion est vaine, elle n'honore pas Dieu, elle l'outrage.

2° Comment! tout homme, pour peu qu'il ait conservé dans son cœur quelque sentiment d'humanité, ne peut voir, sans en être touché, son semblable dans la détresse et dans la peine ; son cœur s'attendrit au spectacle de ses maux, il s'empresse de les soulager ; et un fils, en présence de ceux dont il est redevable de son être, de ceux qui lui ont donné le jour, serait insensible à leur misère, à leurs infirmités, à leur douloureuse vieillesse ! Il serait sourd aux sollicitations d'un pauvre père, d'une misérable mère, qui l'ont nourri, élevé, secouru dans la faiblesse de son enfance! Il abreuverait d'amertume ceux qui ont tant de fois souri à ses joies, pleuré à ses souffrances, compati à ses peines et à ses douleurs ; qui ont ressenti tous ses maux aussi vivement que lui-même; il refuserait un morceau de pain à ceux qui ont veillé pour lui, supporté de pénibles travaux, la faim, la soif, et qui peut-être ne sont dans un état si malheureux que pour avoir sacrifié pour lui leurs forces, leur santé, leur fortune! Ce serait là une cruauté atroce, une ingratitude monstrueuse, une sorte de parricide d'autant plus horrible qu'il serait réfléchi.

3° Mais peut-être la misère de ces parents est bien méritée ; peut-être leur indigence, leurs infirmités sont-elles la suite d'une vie peu réglée, d'une mauvaise conduite? Eh! parce que vos parents seraient coupables, ô enfant ingrat qui les accusez ainsi, devez-vous le devenir vous-même ! Cette pensée inhumaine et barbare outrage à la fois la nature et la religion. Malheureux enfant! combien de fois avez-vous dissipé le bien du Seigneur! A-t-il cessé pour cela un instant de vous porter entre ses mains, de vous départir ses largesses et ses bienfaits! Hélas! peut-être trop de tendresse pour vous, trop de complaisance pour vos fantaisies, vos caprices, a été dans vos parents le principe de cette dissipation dont vous leur faites un crime. Cruel! vous pourrez donc laisser votre père, votre mère, revêtus des haillons de l'indigence, et privés des aliments nécessaires à leur existence! L'étranger charitable les secourra, et votre cœur, dur comme le marbre, restera impassible! Vous pourrez voir sans être touché leur front, où jadis se peignait la joie en voyant se fortifier votre enfance; vous pourrez le voir, dis-je, pâle, triste, abîmé dans la douleur, se pencher vers le tombeau, que creusera votre impitoyable dureté; et leur cœur, qui soupira si affectueusement pour vous, qui vous aima si tendrement, ne plus ressentir alors, par votre ingratitude, que les amertumes de la vie!

Une âme honnête n'insultera pas au malheur d'un ennemi, et le fils dénaturé insulte à celui de ses amis, d'un père, d'une mère! il en sera même l'auteur volontaire! Il les forcera ainsi à ne plus l'aimer comme leur enfant, à le méconnaître, et à détester le jour où ils dirent avec tant de joie : *Un fils nous est né!*

S'il existait un fils si dénaturé, si ingrat et si cruel envers ses parents, ne devrait-il pas craindre que le Seigneur laissât bientôt tomber sur lui tout le poids de sa malédiction, et que dans sa justice il le rendît un objet d'horreur à tout le monde, après lui avoir enlevé tous les biens dont il abuse en violant sa loi, et l'avoir réduit à la plus affreuse indigence? Ne devrait-il pas craindre un châtiment plus épouvantable encore, celui de l'éternité?

4° Pour le bon fils, oh! avec quelle peine, avec quel serrement de cœur il voit l'affliction, l'indigence de ceux de qui il tient la vie! Comme il se donne du mouvement! comme il travaille pour les soulager! Comme il se trouve heureux quand il peut rendre à leur vieillesse une partie des soins qu'il en a reçus dans son enfance! Il sait que, malgré tout ce qu'il fera, il ne pourra jamais rendre à une mère l'équivalent de ce qu'elle a fait pour lui : les tourments, les douleurs qu'elle a soufferts pour lui; les assujettissements auxquels elle s'est soumise; les aliments qu'elle a proportionnés à sa faiblesse, à son âge; enfin les sourires, les caresses, les joies, les transports. Non, jamais un enfant, quoi qu'il fasse pour ses parents, ne pourra parvenir à égaler ce qu'ils ont fait pour lui.

La pauvre Marie.

Il y a bien longtemps de cela : c'était en l'année 1794, par une matinée d'automne. Entièrement absorbé par de noires pensées, je cheminais à travers les champs (dit le bon génie), sans but, sans dessein, ne m'apercevant pas de la fuite du temps. Ainsi marchant, je parvins jusqu'à la lisière d'un petit bois qui, me barrant tout à coup le passage, me força de prendre à droite et de suivre le cours d'un ruisseau grossi par les pluies d'octobre. A quelques pas de là, sur le seuil d'une modeste chaumière, j'aperçus une jeune fille qui filait du chanvre; assis près d'elle, sur un banc de pierre, un vieillard dormait au soleil.

Du plus loin que me vit la jeune fileuse, elle me fit signe de la main de ne pas faire de bruit. Je marchai donc avec précaution, dans la crainte de réveiller le vieillard. Entré dans la cabane, je demandai un peu de lait. « Hélas! mon bon Monsieur, me dit Marie, je voudrais bien pouvoir vous donner ce que vous désirez; mais nous sommes bien pauvres, et je ne puis vous offrir qu'un morceau de pain et de l'eau de ce ruisseau. » Faute de mieux, j'acceptai.

Tout en mangeant un morceau de pain noir, je questionnai Marie. Son père, ancien cultivateur, après avoir mené une vie laborieuse, avait été, dans sa vieillesse, atteint par le malheur. De mauvaises récoltes l'avaient ruiné, le feu avait pris à sa grange, il avait perdu sa femme; puis enfin, quand l'âge courbait son front, la paralysie avait frappé ses membres. Dans cet état, sa fille, son unique enfant, était sa seule ressource. Privé de tout, il n'avait plus qu'elle au monde. Le pays était pauvre, et Marie pouvait difficilement trouver de l'ouvrage. Elle labourait un petit coin de terre que son père possédait encore; elle travaillait de son aiguille; mais, avec tout cela, elle avait bien de la peine à gagner seulement le pain qui leur était nécessaire. Elle ne se décourageait pas néanmoins. Elle amusait son père par ses récits, veillait auprès de lui dans les longues soirées de l'hiver, le soutenait elle-même dans ses bras, et souvent le portait devant sa maison ou dans le jardin, pour qu'il se réchauffât aux rayons du soleil.

« Mais, mon enfant, lui demandai-je, avec le peu que vous

gagnez, comment pouvez-vous nourrir votre père? — Que voulez-vous, je vais doucement, je ménage. — Vous avez beau ménager, vous n'avez pas même de quoi avoir du pain noir. — Aussi n'ai-je pas toujours de ce pain, et, quand j'en ai, je suis bien contente. — Et dans le cas contraire, que faites-vous? — Il en reste bien toujours un peu pour mon père : d'ailleurs, cela n'arrive pas souvent, — Comment? — Quand je vois que le pain diminue, je n'en mange plus, je le garde pour lui. — Et vous. — Pour moi, quelques choux du jardin, un peu de sel, me suffisent. Je suis contente quand mon père est content... Une fois il s'aperçut que je n'avais pas assez pour moi; il se fâcha et me dit : « Ce n'est pas à moi d'être bien nourri, à moi « qui reste sur mon lit sans rien faire; c'est à toi qui travailles « et qui te fatigues. Si cela arrive encore, je ne mangerai de « rien, je t'en avertis, Marie. » Mais bah! je me cache mieux de lui, et il ne s'en aperçoit pas. — Comment cela? — Comment?... Quand il a dîné, je le porte dans le jardin, puis je le quitte, et quelques instants après je reviens près de lui; il ne se doute de rien. — Vous pouvez donc le porter? — Je le puis bien quand il est sur son lit; mais quand il est à terre dans le jardin, j'ai bien de la peine. — Pauvre fille!... Mais enfin ne vous est-il jamais arrivé de n'avoir rien à manger pour vous et pour votre père? — Oh! oui, quelquefois. Mais Dieu est bon. Un jour je n'avais plus rien; je voulus emprunter du grain dans deux maisons, on m'en refusa. Cela me fit bien du chagrin, et je me pris à pleurer. Mais le lendemain ma cousine vint me voir. « Tu « pleurais hier, me dit-elle; qu'avais-tu donc? que ne venais-tu « à la maison? » Je lui contai ma douleur, et alors elle me donna du pain pour la journée, et le jour suivant elle emprunta de l'argent pour m'acheter du blé. Allez, mon bon Monsieur, c'est bien dur quand il faut avoir recours ainsi aux autres, surtout quand ils n'ont pas bon cœur et qu'ils vous repoussent... Mais mon père l'a bien fait pour nous quand nous étions petites; la même chose lui arriva pendant notre enfance. Il me le contait encore il n'y a pas six mois. — S'il vous en souvient, Marie, racontez-moi ce fait. — Volontiers. Un jour qu'il n'y avait plus de pain à la maison, il alla donc dans deux endroits en demander; mais on le refusa. Il n'osait plus aller ailleurs, et il revenait en pleurant! Un homme du voisinage le rencontra. « Qu'as-

« tu, Antoine? lui dit-il. Pourquoi pleures-tu en rôdant autour « de ta maison? » Mon père lui dit : « C'est que j'ai là trois « petites filles qui ne s'embarrassent pas si j'ai du pain ou non, « et qui vont m'en demander. — Tu n'as donc pas de pain? — « Non, depuis hier. — Viens-t'en chez nous, » dit alors ce brave homme; et il lui donna du blé pour tout l'été. Oh! oui, la bonté de Dieu est grande! »

Ainsi parla Marie, excellente fille, pour qui il n'y avait qu'une seule occupation dans sa vie : son père! un seul plaisir : encore son père!

Le temps avait passé bien rapidement; il était deux heures; on entendit sonner les vêpres. Marie, par la fenêtre, regarda passer ceux qui s'y rendaient. « Ils sont bien heureux, dit-elle; mais je ne puis quitter si longtemps mon père. » Et, s'agenouillant près de lui, elle se mit à prier seule et tout bas. Je profitai de cet instant pour sortir sans être vu, laissant sur la table de sapin quelques pièces de monnaie blanche, et me promettant bien de revenir de temps en temps causer avec cette intéressante et pieuse fille. Mais vint l'hiver avec son costume de givre et de neige : l'hiver de 1794, qui fut si dur aux pauvres gens. Retenu dans ma chambre par le froid et la maladie, je pensai bien des fois à la pauvre Marie et à son père. Enfin le printemps est de retour, l'aubépine est en fleur, et l'herbe commence à verdir dans les champs; ma première visite sera pour Marie et son père. Déjà je touche à la lisière du petit bois, et je tourne à droite en suivant le cours du ruisseau. Voici, là-bas, voici la chaumière de Marie et le banc de pierre où le vieillard repose, tandis que la jeune fille travaille à filer du chanvre... Mais d'où vient qu'il est vide, le banc de pierre? Le soleil cependant est chaud au mois d'avril. Saisi d'un vague effroi, je hâte le pas, et, sur le point d'entrer dans la chaumière, une femme en sort, une femme d'un certain âge. « Ce n'est pas Marie! » A ces mots qui m'échappent, la femme me dit : « Vous l'avez donc connue? C'était une parente éloignée. Il y a trois mois, au fort de l'hiver, on l'a trouvée morte auprès du corps glacé de son père. Voyez là-bas sa tombe! » Et, sans plus s'occuper de moi, la femme prit une bêche et partit pour les champs. J'allai pleurer un instant sur la fosse où repose Marie, victime de son amour filial; ensuite je pris deux branches d'aubépine dont je fis une croix à laquelle j'attachai une carte avec ces mots : *Pauvre Marie! daigne le Seigneur récompenser ta charité!*

AUTRES EXEMPLES

La Famine.

Lorsque, dans les temps de révolution et de terreur, la famine désolait la France, on était bien content de pouvoir trouver chez les boulangers de Paris quelque morceau de mauvais pain que l'on payait au poids de l'or. Dans ces temps d'horreurs et de désastreuse mémoire, on vit dans la rue Saint-Paul, près de l'arsenal, une petite fille de huit ans qui mérite d'être citée pour sa piété filiale.

Lorsque sa mère lui donnait sa faible portion de pain, elle feignait d'y toucher un peu, et vite elle courait la serrer dans le buffet. Étonnée de cette abstinence dans un temps où, faute de pain, on était obligé de manger de mauvaises pommes de terre germées et d'autres aliments encore plus nuisibles, qui faisaient périr les enfants par milliers, la mère de la petite lui dit un jour : « Mais, mon enfant, pourquoi donc ne mangez-vous pas? Est-ce que vous n'avez pas d'appétit? — Tout au contraire, j'ai grandement faim, dit l'enfant; mais je veux laisser mon pain pour papa, qui travaille si fort et qui se meurt de besoin. » Quelque chose qu'on eût pu dire à cette charmante enfant, quoiqu'on la menaçât même de la punir si elle ne mangeait pas son pain, elle se contentait d'un peu de soupe, et gardait le reste pour son père lorsqu'il revenait le soir de son travail.

Ce beau trait de piété filiale se répandit bientôt dans tout le quartier; il fut ensuite inséré dans les journaux, et donna lieu à un autre acte de vertu. Le fils d'un riche bourgeois de la rue Saint-Honoré, apprenant ce beau fait, vint peu de jours après avec trois pains blancs, une fort jolie robe pour la petite, et six cents francs, qui firent le plus grand bien à l'honnête famille, tout étonnée de ces dons inattendus.

Souvenir de ses parents.

Qui pourrait lire sans attendrissement la sensibilité touchante du jeune Delcomte? Placé à l'École royale militaire, il se contentait, pendant plusieurs jours, de manger de la soupe et du pain sec avec de l'eau. Le gouverneur, instruit de cette singularité, l'en reprit, l'attribuant à quelque excès de dévotion. Le jeune enfant continuait toujours sans dévoiler son secret. Enfin le gouverneur, fatigué de cette persévérance, le fit venir, et, après lui avoir doucement représenté combien il était nécessaire d'éviter toute singularité et de se conformer à l'usage de l'École, voyant que l'enfant ne s'expliquait point sur les motifs de sa conduite, il fut contraint de le menacer, s'il ne se réformait, de le rendre à sa famille. « Hélas! Monsieur, dit alors l'enfant, vous voulez savoir la raison que j'ai d'agir comme je le fais, la voici: dans la maison de mon père, je mangeais du pain noir et en petite quantité; nous n'avions souvent que de l'eau à y ajouter. Ici je mange de bonne soupe, le pain y est bon, blanc et à discrétion. Je trouve que je fais grand'chère, et je ne puis me déterminer à manger davantage, par l'impression que me fait le souvenir de l'état de mon père et de ma mère. » Le gouverneur ne pouvait retenir ses larmes en voyant la sensibilité et la fermeté de cet enfant. « Mais, mon enfant, lui dit-il, si monsieur votre père a servi, n'a-t-il point de pension? — Non, répondit l'enfant, pendant un an il en a sollicité une; le défaut d'argent l'a contraint d'en abandonner la poursuite; et, pour ne point faire de dettes à Versailles, il a mieux aimé languir. — Eh bien! dit le gouverneur, si le fait est aussi prouvé qu'il paraît vrai dans votre bouche, je promets de lui obtenir cinq cents livres de pension. Puisque vos parents sont si peu à leur aise, vraisemblablement ils ne vous ont pas beaucoup garni le gousset: recevez, pour vos menus plaisirs, les trois louis que je vous présente de la part du roi; et, quant à monsieur votre père, je lui enverrai d'avance les six premiers mois de la pension que je suis assuré de lui obtenir. — Monsieur, reprit l'enfant, comment pourrez-vous lui envoyer cet argent? — Ne vous inquiétez pas, nous en trouverons les moyens. — Ah! Monsieur, répliqua l'enfant, puisque vous avez cette facilité, remettez-lui aussi les trois louis que vous venez de me donner; ici j'ai tout en abondance, ils me deviendraient inutiles, et ils feraient grand bien à mon père pour ses autres enfants. »

Une Veuve et ses trois enfants.

L'histoire du Japon nous a aussi conservé un beau trait du soin qu'on doit avoir pour ses parents lorsqu'ils sont dans le besoin. Quoique l'héroïsme y soit porté trop loin et qu'on ne doive pas imiter en tout cet exemple, il servira toujours à confondre ceux qui n'en font pas assez. Ce sont des idolâtres qui vont leur donner des leçons. Une femme était restée veuve avec trois garçons, et ne subsistait que de leur travail, qui suffisait à peine pour elle et pour eux. Le spectacle d'une mère qu'ils chérissaient, en proie aux besoins, leur fit concevoir la plus étrange résolution. On avait publié, depuis peu, que quiconque livrerait à la justice l'auteur d'un certain vol toucherait une somme considérable. Les trois frères conviennent entre eux qu'un des trois passera pour ce voleur, et que les deux autres le mèneront au juge. Ils tirent au sort, qui tombe sur le plus jeune. Il se laisse lier et conduire comme un criminel. Le magistrat l'interroge. Il répond que c'est lui qui a fait le vol. On l'envoie en prison, et ceux qui l'ont livré touchent la somme promise. Leur cœur s'attendrit alors sur le danger de leur frère. Ils trouvent le moyen d'entrer dans la prison, et, croyant n'être vus de personne, ils l'embrassent tendrement et l'arrosent de leurs larmes. Le magistrat, qui les avait aperçus, surpris d'un spectacle si nouveau, donne commission à un de ses gens de suivre les deux délateurs; il lui enjoint expressément de ne les point perdre de vue qu'il n'ait découvert de quoi éclaircir un fait si singulier. Le serviteur s'acquitte parfaitement de sa commission, et rapporte qu'ayant vu entrer les deux jeunes gens dans une maison, il s'en était approché et les avait entendus raconter à leur mère ce qu'ils venaient d'exécuter pour elle. La pauvre femme, à ce récit, avait jeté des cris lamentables, et avait ordonné à ses enfants de reporter l'argent qu'on leur avait donné, disant qu'elle aimait mieux mourir de faim que de se conserver la vie au prix de son cher fils. Le magistrat, pouvant à peine croire ce qu'on lui raconte, fait venir aussitôt son prisonnier, l'interroge de nouveau sur son prétendu vol, le menace même du plus cruel supplice; mais le jeune homme persiste à se déclarer coupable. « Ah! c'en est trop, lui dit le magistrat en se jetant à son cou; enfant vertueux, votre conduite m'étonne. » Il va aussitôt faire son rapport à l'empereur, qui, charmé d'une action si héroïque, voulut voir les trois frères, les combla de caresses, donna au plus jeune une pension considérable, et une moindre à chacun des deux autres.

Paul et André.

Paul et André, fils d'une pauvre veuve habitant la basse Bretagne, ne pouvant plus suffire aux besoins de la famille, prirent la résolution de se rendre à Paris pour y servir les maçons, disaient-ils, et pouvoir envoyer quelques secours à leur tendre mère et à leur sœur, qu'ils laissaient avec elle. Les préparatifs du voyage furent bientôt faits, et surtout les malles bientôt garnies, car tout le bagage était enfermé dans un mouchoir de poche, lui-même fort usé. Arrivés à Paris, ils sont assez heureux pour trouver immédiatement de l'occupation, et encore plus de pouvoir, au bout de quinze jours, envoyer quelques francs à leur bonne mère et à celle qu'ils avaient laissée pour la garder. C'est ainsi que se passèrent près de huit mois. Mais alors les travaux furent interrompus, et nos braves Bretons pouvaient à peine se suffire à eux-mêmes. Ce n'étaient pas leurs propres besoins qui les inquiétaient, c'étaient ceux de leur mère et de leur sœur! « Qu'allons-nous faire, mon cher ami? dit Paul à André son frère; notre mère et notre tendre sœur vont mourir de faim et de froid, et cependant nous ne gagnons rien! — Il me vient une pensée, dit André; tu sais qu'on a besoin de soldats, et surtout de marins, allons nous engager : nous aurons au moins chacun 150 francs, nous demanderons à aller rejoindre à Brest, et, en passant, nous verrons notre bonne mère et notre sœur, nous leur laisserons ces 300 francs, et nous partirons; on dit que les marins ont 50 centimes par jour, ce qui nous fera 1 franc; nous épargnerons le plus qu'il nous sera possible, et nous aurons la douce consolation de pouvoir entretenir ce que nous avons de plus cher au monde. » Ils partent donc, s'engagent, vont embrasser leur mère, lui remettent le prix de leur engagement et se disposent à partir. Mais le plus difficile n'était pas fait. La pauvre veuve ne pouvait se résoudre à recevoir le prix de l'engagement de ses deux fils, ni à les voir exposer leur vie pour elle. Ce ne fut qu'après avoir bien compris que ses fils ayant donné leur parole, il ne leur était plus permis de reculer. Qu'on s'imagine, si l'on peut, quel spectacle attendrissant dut se passer au moment de la séparation... Elle eut lieu le 12 mars 1854. Espérons que le Seigneur bénira ces deux héros de l'amour filial, et qu'il les rendra à leur mère bien-aimée. Oh! qu'heureux sont les parents qui ont de tels enfants! Dieu veuille en augmenter le nombre!

Douze Frères soldats.

Le véritable amour est ingénieux et trouve des ressources en lui-même ou dans les autres. Un vieillard anglais, presque centenaire et tailleur de son métier, avait douze fils, tous soldats, qui n'avaient que leur solde pour vivre. Ils obtinrent un congé, dont ils profitèrent pour venir voir leur père. Ils le trouvèrent sans pain. « Point de pain, s'écria l'un d'eux, et avoir donné douze défenseurs à la patrie! Il faut que notre bon père soit assisté. — Mais comment? — N'y a-t-il pas un Lombard ici? dit le plus jeune, après un moment de réflexion. — Un Lombard, dit un autre, qu'en attendre? il n'est bon qu'à ruiner totalement le malheureux qui y porte sa dernière ressource : mais d'ailleurs à quoi nous servirait-il? avons-nous quelque chose à y porter? car on n'y prête que sur gages : nous n'avons rien. — Quoi, rien! reprit le jeune homme. Notre père a été tailleur, il a exercé longtemps ce métier, il meurt de faim; cela prouve sa probité. Nous sommes tous au service depuis quelques années, personne ne peut nous reprocher la moindre chose contre l'honneur : mettons cet honneur en gage; on nous confiera bien cinquante livres sur ce dépôt. » Cette idée fut approuvée unanimement : les frères écrivirent et signèrent ce billet : « Douze Anglais, fils d'un tailleur réduit à la plus grande pauvreté à l'âge de près de cent ans, servent tous douze le roi et la patrie avec zèle : ils demandent à la direction du Lombard la somme de cinquante livres, afin de soulager leur infortuné père. Pour sûreté de cette somme, ils engagent leur honneur, et promettent le remboursement dans le terme d'une année. » Ils portèrent ce billet à la direction du Lombard. On leur donna les cinquante livres, et on déchira le billet : on promit de fournir aux besoins du vieillard pendant sa vie. Ce trait n'a pas plus tôt été rendu public, que quantité de personnes sont venues chez le tailleur pour le voir, et aucune n'y est venue les mains vides.

Un noble petit Apprenti.

Un petit garçon de onze ans, l'aîné d'une pauvre famille composée du père, de la mère et de trois autres enfants, a été placé, il y a quelques mois, en apprentissage chez un bijoutier; il n'est pas payé, comme on le pense bien; mais il dîne et couche chez son patron. Le matin il reçoit, selon l'usage, dix centimes pour son déjeuner. Un soir, la mère voit arriver l'apprenti tout joyeux; et quel n'est pas son étonnement lorsqu'elle l'entend lui dire : « Tiens, mère, voilà trois francs; tu achèteras du sucre pour ma sœur qui est malade, et une blouse pour le petit frère. — D'où te vient cet argent? — Il est bien à moi, mère; ce sont les deux sous de mon déjeuner qui, depuis mon entrée chez le patron, ont formé cette somme. » Ainsi, le noble enfant avait eu le courage de manger du pain sec à tous ses déjeuners pendant trente jours, pour se donner la joie d'apporter ce petit soulagement à ses parents.

Élisabeth.

De l'auteur de ses jours les douleurs, les besoins,
Du cœur d'Élisabeth occupaient tous les soins.
Son âme, dévouée à ces doux exercices,
De son vieux domestique enviait les services;
Les plus humbles emplois flattaient son noble orgueil;
Elle-même, avec art, dessina le fauteuil
Qui, par un double appui soutenant sa faiblesse,
Sur un triple coussin reposait sa vieillesse,
Elle-même à son père offrait ses vêtements,
Lui préparait ses bains, soignait ses aliments;
Elle-même à genoux ajustait sa chaussure;

Elle-même peignait sa blanche chevelure,
Près de lui rassemblait ses meubles favoris,
Ses amis de l'enfance, et ses livres chéris;
Enfin, le soir venu, conduisait toute fière
Au lieu de son sommeil son bon et tendre père.
Vainement ses amis lui disaient quelquefois :
« Faut-il vivre toujours sous ces austères lois,
Et même avant l'hymen connaissant le veuvage,
En ces pieux ennuis couler votre jeune âge?
Hâtez-vous, profitez de rapides instants;
Vous les regretterez, il ne sera plus temps... »
Mais elle, dont le cœur en souvenirs abonde,
Ferme l'oreille et pense au delà de ce monde.
« Ma mère, qui n'est plus, disait-elle, à sa mort,
D'un père à cheveux blancs m'a confié le sort.
Ah! ce devoir sacré, mon cœur, qui ne s'abuse,
Le préfère aux plaisirs dont la foule s'amuse!
Je jouis quand je vois mon père, en s'éveillant,
D'un gai rayon d'espoir orner son front riant;
Je jouis quand le soir, prolongeant ma lecture,
J'endors, près de son lit, les tourments qu'il endure;
Je jouis, quand le jour, appuyé sur mon bras,
Mes secours attentifs aident ses faibles pas.
En de nouveaux liens, ma jeunesse engagée,
Par deux objets chéris se verrait partagée,
Et je lui ravirais une part de mes soins :
Je l'aimerais autant, je le soignerais moins!
Non, j'en fais le serment, par l'ombre de ma mère :
La mort seule pourrait me séparer d'un père! »
Tel était son langage. Ainsi puissent mes chants
Faire naître et grandir d'aussi tendres penchants.

Pierre.

Le froid régnait sur toute la nature, une neige abondante couvrait la terre, et le vent du nord agitait les arbres, qui semaient au loin les débris de leur blanche parure d'hiver. Nous touchions aux derniers jours de l'année 1841, quand un soldat, d'une des provinces wallonnes du royaume de Belgique, s'acheminait gaiement vers le village qui l'avait vu naître. Pierre, c'était son nom, servait depuis longtemps; car un double chevron se faisait apercevoir sur la manche de son habit de grenadier, et une épaisse moustache ornait ses joues brunies par le soleil. J'ai mon congé, se disait-il, mon vieux père et mon frère Nicolas vont donc savoir le motif de mon silence! Ce bon père, soldat comme moi, il y a peu de temps encore, recevra tout à la fois mes embrassements et mes soins! Pierrot, mon filleul, encore au berceau à mon départ, n'est pas en âge d'aider son père : eh bien! oui, Nicolas trouvera en moi un garçon de ferme obéissant et laborieux... Dire que dans une heure je serrerai dans mes bras mon père, mon frère, ma belle-sœur et mon neveu!... Voyons où nous en sommes, c'est-à-dire où nous en étions en mars 1810; j'ai cette lettre gravée dans ma mémoire; je n'en ai pas oublié une syllabe. « Mon cher Pierre, notre bon père, dont la vue s'affaiblissait, a enfin cédé à mes instances, et quitte le service; il loge à la ferme et espère t'y embrasser bientôt... »

En ce moment Pierre, qui, dans sa marche, longeait une muraille, sur le point d'en dépasser l'angle, entend une voix qui ne lui semble pas inconnue; il s'arrête et se penche pour voir qui parle : « Mon fils, place un peu de paille près de moi, Azor viendra s'y coucher, et, en nous réchauffant, nous nous rendrons un mutuel service; mets sur moi la couverture, et rapproche les tisons, je crois qu'il fait plus froid encore que cette nuit, disait un vieillard aveugle, assis sur un tronc d'arbre et le visage couvert d'une longue barbe blanche. Un enfant de l'âge de dix à douze ans, d'un air intéressant, mais triste, lui répond : « Et moi aussi, bon père, voulez-vous que je demande du bois dans le voisinage? — Oui, mon enfant, repartit le pauvre vieillard; quelle que soit notre misère, nous devons tâcher de conserver notre existence; la vie est un poste que Dieu nous a confié, et qu'il ne faut quitter que quand il vient le reprendre lui-même. Serre-toi contre moi et place tes petites mains dans les miennes, là, au-dessous de la chaufferette... Ne pleure pas, mon enfant, la Providence n'abandonne jamais ceux qui se confient à elle. » Pierre ne peut plus maîtriser son émotion; tourner l'angle de la muraille, se débarrasser de son fusil et fouiller dans sa poche fut l'affaire d'un instant. « Tenez, bon vieillard; tiens, pauvre petit, s'écria-t-il dans l'entraînement de sa pitié, c'est à peu près tout ce que je possède; un soldat ne peut se rendre bien utile aux malheureux; mais d'où vient ce délaissement? » Et l'enfant expliqua en pleurant de quels malheurs ils étaient victimes. « Ma mère, dit-il, est morte depuis six mois, mon père n'a pu lui survivre, et mon grand-père que voilà et moi, incapables de continuer à cultiver les terres, avons été bien forcés par le propriétaire de quitter la ferme!... — Et qui êtes-vous donc? dit le militaire, la poitrine oppressée de douleur et d'anxiété. — Le fils de Nicolas Lenoir... » A ces mots le militaire fut sur le point de s'évanouir; il tombe assis sur le tronc d'arbre près du vieillard, il le tient serré dans ses bras, l'embrasse... « C'est votre fils, mon père, il vient partager votre misère, ou plutôt vous procurer une heureuse vieillesse; oui, le Ciel bénira les travaux que j'entreprendrai pour vous secourir. Et toi, viens sur mes genoux, Petit-Pierre, reconnais ton oncle et ton parrain. Je deviendrai fermier, et de beaux jours luiront encore pour nous. »

Le Mendiant.

Dans un petit village, une pauvre famille vivait paisiblement des produits d'un petit coin de terre attenant à une maisonnette couverte en chaume. L'adversité frappa à la porte de l'humble habitation, et l'on porta en terre la bonne femme, qui jusque-là s'était acquittée si diligemment des devoirs d'une excellente ménagère. Elle laissait son mari avec une fille d'une douzaine d'années. Celle-ci remplaça heureusement sa mère par son courage, son activité et sa piété. Lorsqu'elle fut en âge, son père lui trouva un parti, et l'allia à un jeune ouvrier vertueux, rangé, et aimant le travail. Pour lui, infirme, presque aveugle, il abandonna tout ce qu'il possédait, sa maison, ses biens, à ses enfants, qu'il chérissait plus que lui-même.

Cependant son gendre eut à souffrir d'une maladie qui fut longue et cruelle; elle épuisa ses petites épargnes, et la pauvre femme se vit obligée de redoubler de zèle et d'activité; elle travaillait pour procurer la guérison de son mari, et pour ne pas laisser mourir d'inanition son vieux père. Hélas! pour comble d'infortune, épuisée par tant de fatigues, la courageuse femme tomba malade aussi; et le bon vieillard, au désespoir, chercha du travail; mais il ne trouva personne qui voulût l'employer. Il prit le parti d'implorer la commisération des passants. Probablement qu'il ne connaissait pas les lois portées contre la mendicité; quoi qu'il en soit, le pauvre infortuné fut pris et sommé de comparaître devant les tribunaux.

Le jour arrivé, il se rend dans la salle pour entendre prononcer son jugement. A l'appel de son nom, ce bon vieillard, âgé de quatre-vingt-quatre ans, se lève péniblement du milieu de la foule, soutenu par sa fille convalescente, affaiblie par les douleurs de la maladie; il se traîne devant les juges. Son âge et ses cheveux blancs le rendent si vénérable, son délit est si mince, que l'huissier n'ose pas lui montrer le banc des prévenus, et le laisse se placer devant la barre du tribunal.

Aux questions de M. le président, la fille du vieillard répond d'une voix toute tremblante : « Mon père ne vous entend pas, Messieurs; si vous le permettez, je répondrai pour lui. — Votre père a été appelé devant nous pour avoir mendié et n'avoir pas de domicile. — Que Dieu pardonne à ceux qui vous ont dit cela, Messieurs; depuis que je suis au monde, et il y a déjà du temps, mon père ne m'a jamais quittée, et quand je pourrai travailler, il ne sera à la charge de personne. Il y a un mois, mon mari était malade, et moi aussi je tombai malade de fatigue; nous n'avions pas de pain, pas d'argent, nous manquions de tout; mon père se leva de grand matin et sortit tout triste; le soir il rentra, vint s'asseoir près de mon lit et se mit à pleurer. Je lui demandai ce qu'il avait; alors il me dit qu'il était bien à plaindre d'être si vieux, qu'on ne voulait plus de lui pour travailler; qu'il s'était présenté pour rouler de la terre et qu'on l'avait refusé. « Il « faudra donc absolument que j'aille tendre la main, me dit-il, « car je ne puis te laisser mourir faute de secours. » Je lui dis que je me portais mieux, et que le lendemain je travaillerais. Mais, Messieurs, au lieu de me mieux porter, j'étais plus malade. Ce jour-là mon père est encore sorti sans me rien dire. Une heure après on est venu m'apprendre que des gendarmes l'avaient arrêté pour avoir demandé la charité. S'il l'a fait, Messieurs, c'était contre ma volonté et à mon insu.

— Votre père a mendié, dit le président, c'est contre les lois, il mérite d'être condamné. — Je vous en prie, Messieurs, un peu d'indulgence; et d'ailleurs, si mon père a mendié, ce n'était pas pour lui, mais pour moi qui étais malade.

— Votre père est infirme, il est sans domicile, il ne peut gagner son pain; on l'enverra au dépôt de mendicité. — Au moins, dit le vieillard, qui avait entendu ces dernières paroles, je ne serai plus à charge à ma pauvre famille. — Que dites-vous là, mon père, à charge!... oh! non, vous ne m'êtes pas à charge; et comment pourrais-je vivre sans vous? Tant qu'une goutte de sang coulera dans mes veines, Messieurs, je veux travailler et partager mon morceau de pain avec mon père. Il m'a nourrie lorsque j'étais jeune, il ne s'est pas plaint que je lui étais à charge, je le nourrirai dans sa vieillesse. Je vous en prie, Messieurs, rendez-moi mon père, pardonnez-lui cette faute, et moi je vous promets que s'il a mendié, il ne le fera jamais plus. »

Après ces quelques mots, le tribunal entend à peine le réquisitoire de M. le procureur du roi, et la justice, s'inclinant devant la vertu, rend à cette bonne fille son vénérable père.

Le bon fils.

Une veuve malade et par l'âge épuisée
Vivait dans la misère en un triste réduit;
Ses lambris étaient nus, sa fenêtre brisée,
Et, l'hiver, un vent rude y soufflait jour et nuit.
Elle ne pouvait plus filer, la pauvre vieille!
Son corps était voûté, tremblante était sa main;
Et si Dieu n'avait mis un tendre fils près d'elle,
Elle eût été réduite à mendier son pain.
Mais son fils était là qui lui disait : « Espère!... »
Adoucissant ses maux par mille soins pieux,
Il savait, noble cœur, qu'abandonner sa mère,
Dans le malheur surtout, est un crime odieux.
Car si la pauvre veuve, à la souffrance en proie,
Ne pouvait plus marcher, il était grand et fort.
C'était donc à la fois son devoir et sa joie
De toujours travailler pour adoucir son sort.
Aussi dès le matin, après une prière,
Il allait labourer les champs avec ardeur,
Puis revenait, le soir, bien vite chez sa mère,
Pour lui porter, joyeux, le prix de son labeur.
Oh! qu'elle aimait ce fils, ce doux et tendre guide,

Et qu'elle s'empressait, quand il était venu,
D'embrasser en pleurant son front encore humide,
Et d'enlacer ses bras autour de son cou nu!
Modèle de vertu, ce cher enfant, je pense,
Était heureux assis, près du foyer, le soir,
Quand il songeait, et douce était la récompense,
Qu'il avait noblement accompli son devoir.

Émile Bouchaud.

DIALOGUE

SUR

LES SECOURS CORPORELS DUS PAR LES ENFANTS A LEURS PARENTS

PERSONNAGES

JOSÉPHINE, ANNA, FLORESTAN, AUGUSTIN, PHILIPPE, FRÈRES ET SOEURS

Philippe. — D'où viens-tu donc, Joséphine? nous ne t'avons pas vue depuis ce matin; nous n'avons pas, il est vrai, demandé à nos parents où tu étais allée; sans doute ils le savaient et nous l'auraient dit.

Joséphine. — Tu as raison, cher frère, de penser que je ne sortirais pas de la maison sans auparavant en avoir prévenu ma mère et obtenu la permission. Puisque tu désires le savoir, je te dirai que je quitte à l'instant mon amie Caroline et son frère Joseph, et que je reviens le cœur profondément touché de la conduite qu'ils tiennent vis-à-vis de leur père.

Augustin. — Tu ne nous apprends rien de nouveau; personne n'ignore que ce sont deux excellents enfants, deux sujets accomplis, dignes d'être offerts comme modèles à ceux de notre âge.

Joséphine. — Aussi, en te parlant d'eux, je n'ai pas la pensée de faire l'éloge de leur piété filiale, de leur obéissance, de leur exactitude, qui sont connues de tout le monde; mais ce que tout le monde ne sait pas, toi le premier, et dont je n'ai été instruite moi-même que ce matin, c'est que leur père ayant été pris subitement, hier au soir, d'un mal qui pourrait avoir des suites funestes, Joseph et Caroline se tiennent comme deux anges consolateurs auprès du lit du malade, et s'il parvient à se tirer d'affaire, Dieu lui en fasse la grâce! il y a tout lieu de croire que les soins, les attentions et le dévouement de nos jeunes amis y auront beaucoup contribué.

FLORESTAN. — Certainement! certainement! Comment un père ne serait-il pas ému des soins, des sollicitudes et des prévenances affectueuses de ses enfants! S'il est malade, les douces satisfactions qu'il éprouve de ce qui se passe autour de lui doivent avoir sur son état une influence salutaire.

ANNA. — Aussi devons-nous espérer que M. Belleville sera rendu à la santé, qu'il y sera rendu promptement : un bon fils, une fille dévouée sont d'excellents médecins pour un père malade; leur assistance attentive, leur mille petits soins qui ne peuvent être inspirés que par le cœur, sont assurément le meilleur et le plus efficace de tous les remèdes.

FLORESTAN. — Ne parle pas si haut! tu te brouillerais avec la médecine, les médecins et les apothicaires.

PHILIPPE. — Apothicaires!... c'est du vieux style; dis donc pharmaciens.

FLORESTAN. — Pharmaciens, soit! je ne veux pas chicaner pour un mot.

ANNA. — Du reste, ce n'est pas le moment de plaisanter.

FLORESTAN. — Je le pense bien de même! Mais je ne sais pourquoi je ne suis pas triste de la nouvelle que tu m'apprends. J'aime pourtant beaucoup les deux enfants de M. Belleville, je m'intéresse grandement à tout ce qui les concerne. Ah! sans doute, c'est qu'une voix intérieure semble me dire d'espérer ; je ne crois pas que Joseph et Caroline soient à la veille de devenir orphelins. Dieu aura pitié de leur jeunesse; il voudra les récompenser de leur piété filiale par la conservation du plus tendre des pères.

JOSÉPHINE. — Puisse-t-il donc en être ainsi!

ANNA. — Pauvres enfants! seraient-ils à plaindre s'il en était autrement, eux si bons et si parfaits sous tous les rapports!

JOSÉPHINE. — Qui connaissent si bien leurs devoirs et qui les observent avec tant de fidélité!

PHILIPPE. — Il faudrait que tous les enfants de notre âge fussent instruits de leur admirable conduite.

FLORESTAN. — Et qu'on leur fit comprendre quel avantage il en résulterait pour eux s'ils suivaient avec zèle de semblables exemples.

PHILIPPE. — Tu ne parles pas pour toi, ni pour mes sœurs, mon cher Florestan; car, si je ne craignais de vous faire de la peine (je sais que vous n'aimez pas que l'on vous complimente sur ce que vous faites de bien), je te dirais que vous êtes, sans oublier Augustin, de bons modèles à suivre; je sais bien comment vous vous conduisez aussi lorsque nos parents sont malades, et avec quel empressement vous leur rendez tous les petits services qui dépendent de vous.

AUGUSTIN. — Tiens! tiens! on dirait que tu n'es pas de la famille, que tu es pétri d'une autre pâte que nous, que tu n'as pas un bon cœur, et que notre père et notre mère n'ont rien à attendre de toi, ni assistance, ni sollicitudes, ni quoi que ce soit. Je veux bien participer au compliment que tu nous fais; car, au bout du compte, je serais au désespoir d'être regardé comme un ingrat, comme un mauvais fils; mais si tu t'oublies, si tu ne te mets pas à notre rang, je n'en suis plus, je me retire.

PHILIPPE. — Reste, reste, au contraire! et réunissons-nous de plus en plus dans les mêmes pensées, dans la même manière d'agir, en remerciant nos parents et nos maîtres, dont Dieu s'est servi pour nous instruire de nos devoirs et fortifier en nous la volonté de les accomplir.

FLORESTAN. — Je n'oublierai jamais les instructions que l'on m'a données lorsque j'étais plus jeune, et que j'entends encore toujours avec une nouvelle satisfaction et un désir sincère de les mettre en pratique, toutes les fois que l'occasion s'en présente. Dernièrement notre maître reprenait avec sévérité quelqu'un de la classe sur lequel il lui était revenu de mauvais rapports. Il paraît que cet enfant, malgré les instances de sa mère, avait refusé de faire une commission urgente, et qu'il était allé jouer dans le voisinage, plutôt que de se rendre chez le pharmacien pour y porter une ordonnance qu'un médecin avait laissée à la maison, dans une visite qu'il venait de faire à son père, alité assez sérieusement. Le maître prit occasion de cette désobéissance coupable pour développer les obligations rigoureuses que les enfants ont à remplir à l'égard de leurs parents. Ces obligations ne sont pas pour un jour, ni pour un mois, ni pour une année, mais pour toute la vie, aussi longue qu'il soit permis de la supposer. Il ne suffit pas de dire qu'on aime ses parents; il faut encore leur en donner des preuves non équivoques, des preuves véritables, en les secourant. Mais quels sont ces besoins? A cela je vous répondrai qu'ils sont de diverses natures, et qu'ils varient selon les temps, les circonstances et les positions de fortune; mais, quels que soient ces besoins, il faut y pourvoir avec amour, avec dévouement, avec sincérité; autrement on prouve que l'on n'est même pas un homme. Si votre père, si votre mère sont malades, vous devez les soigner : quelque chose que vous fassiez pour eux, dans ces instants de douleur et de souffrance, vous ne leur rendrez jamais ce que vous leur avez coûté de peines, d'inquiétudes, de fatigues et de privations. S'ils sont pauvres, vous devez les assister autant qu'il est en vous. Un enfant qui peut soulager son père et sa mère, qui peut essuyer leurs larmes que la faim fait couler, est un enfant dénaturé s'il les laisse languir dans la misèr. De toutes parts on n'en parle qu'avec mépris, et, lorsqu'on le rencontre sur son passage, on détourne, pour ne pas le voir, la tête avec une espèce d'horreur. — Si vous ne voulez pas, mes amis, nous disait le maître en terminant, si vous ne voulez pas être un jour traités de la sorte lorsque vous aurez fait votre entrée dans le monde, accoutumez-vous de bonne heure, accoutumez-vous dès ce moment même à assister vos parents dans tous leurs besoins, dans toutes leurs nécessités, selon votre âge et dans la mesure de vos forces. Faire une commission, c'est soulager votre père et votre mère, c'est empêcher qu'ils ne se fatiguent, c'est ménager le temps qu'ils consacrent au travail. Être près d'eux, et leur rendre une foule de petits services s'ils éprouvent de la souffrance, c'est adoucir cette souffrance, c'est contribuer à leur guérison, c'est leur prouver que vous êtes un digne enfant, c'est attirer sur vous les bénédictions du Ciel.

Anna. — Il faut croire que l'assistance des enfants pour leurs parents est un devoir rigoureux, un devoir d'une bien grande importance, puisque dans les familles où les bons principes sont en honneur, dans les écoles, et surtout du haut de la chaire évangélique, on en fait continuellement de pressantes recommandations. Vous l'avez sans doute remarqué tous les quatre, aussi bien que j'ai pu avoir occasion de le remarquer moi-même.

Philippe. — C'est vrai, et même je me rappelle d'avoir entendu traiter, il y a deux ou trois mois, un point essentiel dont Augustin n'a pas parlé, soit qu'il l'ait oublié, ou bien encore parce que son maître n'en aura pas lui-même fait mention : il s'agit de la vieillesse des parents. Qui pourrait douter qu'il y a des enfants d'une grande dureté de cœur et d'une insensibilité dont il nous serait impossible de nous faire une idée, si les conversations journalières ne se chargeaient malheureusement que trop de nous en instruire? Quand ces enfants dénaturés voient que les années, en s'accumulant sur la tête de leurs parents, les rendent peu à peu incapables de toute espèce de travail, quand ils voient principalement qu'ils sont arrivés à la vieillesse, qu'ils en ont les infirmités, les défaillances, l'humeur difficile, dans leur ingratitude ils les abandonnent à eux-mêmes, les laissent dans un coin de l'habitation commune, et souvent dans un réduit solitaire, sans consolation, sans la moindre prévenance, et en ne leur donnant bien juste que ce qui peut les empêcher de mourir de faim, et encore qu'à regret!...

Augustin. — Que résulte-t-il de là, et combien de fois n'a-t-on pas les oreilles frappées des funestes conséquences d'une conduite aussi cruelle? c'est que la vie de ces malheureux vieillards achève de s'écouler dans la tristesse, dans les angoisses, dans les privations, et au milieu des plus cuisantes douleurs; car souvent ces angoisses, ces privations et le nombre des années n'ont pas tellement affaibli leur intelligence, qu'ils ne ressentent encore toute l'amertume de leur sort. Ils se plaignent au Ciel de leur avoir donné des enfants aussi peu dignes de ce nom! Ils se reprochent en quelque sorte l'amour qu'ils leur ont porté, les soins dont ils les ont entourés; leur caractère s'aigrit de plus en plus, et souvent leur dernière parole est une malédiction contre ceux qui les laissent languir dans la misère. Quel malheur! quel épouvantable malheur, puisque la malédiction paternelle est suivie de celle de Dieu!

Joséphine. — Malheureux parents! enfants plus malheureux encore, puisqu'ils sont coupables, puisque les remords les plus cuisants les déchireront tôt ou tard! Tant de peines et de hontes, tant de si épouvantables maux auraient cependant pu être évités, la vengeance du Ciel aurait pu être conjurée. Pour cela il suffisait à ces enfants d'avoir un cœur, d'en entendre la voix, d'en suivre les impulsions; ce cœur disait : C'est ton père, c'est ta mère qui souffrent et qui gémissent; ce cœur leur disait ce qu'ils avaient à faire, leur traçait la ligne de leurs devoirs; en accomplissant ces devoirs, ils auraient consolé, au lieu de les assombrir, les derniers jours que passaient dans ce monde deux vieillards qui n'avaient peut-être qu'à se reprocher d'avoir été trop bons, d'avoir porté jusqu'à l'excès la douceur et l'indulgence. En accomplissant ces devoirs, en un mot, au lieu de l'indignation publique, ils se seraient attiré l'estime et la bienveillance de tous les honnêtes gens; au lieu des imprécations des auteurs de leurs jours, les derniers témoignages de leur tendresse et la naïve expression de leur gratitude; au lieu des colères et des foudres de Dieu, son amour et ses faveurs les plus insignes.

Anna. — Reconnaissons pour l'honneur de l'humanité que des exemples d'insensibilité, d'abandon et d'ingratitude, semblables à ceux dont nous venons de nous entretenir, sont rares. Ce n'est qu'au petit nombre, qu'au très petit nombre, que s'adressent ces paroles terribles de l'Écriture : *Combien est infâme celui qui abandonne son père et sa mère, et combien est maudit de Dieu celui qui aigrit l'esprit de sa mère en refusant de prendre soin d'elle!* Il est une multitude d'enfants dans toutes les classes de la société qui, comme le digne Joseph et l'excellente Caroline, dont nos sœurs parlaient au commencement de cette conversation, sachant ce qu'ils doivent à leur père et à leur mère, en attention, en aide, en petits secours proportionnés à leur âge, le leur rendent d'une manière qui réjouit la terre et le Ciel.

Philippe. — J'ai entendu raconter une histoire qui confirme ce que notre sœur vient de nous dire. Une brave femme de la campagne, mère de trois enfants, avait eu le malheur de perdre son mari, homme d'un grand courage et d'une grande piété, mais peu favorisé par la fortune. Restée veuve et sans ressources, elle eut de plus le malheur d'être atteinte par une maladie de langueur qui l'aurait bien plus tôt conduite au tombeau, sans les soins admirables de ses enfants. Ces trois anges, quoique jeunes encore, étant obligés d'aller en journée pour gagner leur vie et celle de leur mère malade, convinrent entre eux que deux seulement iraient travailler alternativement, tandis que l'autre resterait auprès de la malade pour la soigner, mais que, pour ne rien perdre de leur modique salaire, les deux travailleurs demanderaient au fermier qui les employait deux faveurs : la première, de commencer assez tôt et de finir assez tard pour que les deux journées en fissent trois ; et la seconde, d'être payés chaque soir, pour pouvoir immédiatement procurer à leur pauvre mère ce que son état réclamait le plus impérieusement. Celui qui avait été de garde un jour remplaçait le lendemain un des travailleurs ; et ainsi successivement les uns après les autres étaient livrés à un travail opiniâtre, ou à la pratique d'une héroïque charité auprès de leur mère. Il était beau de voir chacun de ces enfants vertueux auprès de leur tendre mère, la soignant, l'aidant à s'habiller, la portant, pour ainsi dire, sur ses bras, soit auprès du feu, soit aux rayons du soleil, et chaque jour avec de nouveaux témoignages d'affection et de dévouement. Les travailleurs, à leur retour, s'empressaient auprès du lit de la mère, venaient l'embrasser, essuyer des larmes d'attendrissement que leur conduite répandait sur ses joues amaigries, lui demandait des nouvelles de sa santé. Volontiers ils auraient tous passé la nuit auprès d'elle, si les fatigues du lendemain ne les avaient pas forcés d'aller prendre un peu de repos. C'est ainsi que pendant trois ans ces admirables enfants firent l'édification de la paroisse et la joie du pasteur qui la desservait. A cette époque, un surcroît de malaise vint menacer les jours de cette heureuse mère. Aussi pleins de sollicitude pour les besoins spirituels de leur tendre mère que pour les soins corporels, les pieux enfants ne manquèrent pas de lui faire administrer, en pleine connaissance, les sacrements des mourants ; et peu après ils l'accompagnaient à sa dernière demeure, et la pleuraient avec autant de douleur que si sa conservation leur avait été indispensable.

Joséphine. — Que cet exemple est édifiant et qu'il condamne bien hautement la conduite presque opposée d'un grand nombre d'enfants!

Anna. — Pour nous, mes amis, continuons à être du nombre des enfants qui aiment leurs parents et qui leur rendent tous les services qui dépendent d'eux. La première récompense que nous en recueillerons sera cette joie du cœur qui rend si heureux ; les autres ne nous manqueront pas, elles nous viendront infailliblement, puisque nous les attendons de notre famille, et de Dieu qui nous en a fait la promesse.

ASSISTANCE SPIRITUELLE
DUE AUX PARENTS

CHAPITRE I

UN ENFANT DOIT PRIER POUR SES PARENTS

Un enfant vraiment chrétien n'est pas seulement sensible aux besoins ou aux maux corporels de ses parents, mais il l'est bien plus aux infirmités de leur âme. Travaillés par ces maladies spirituelles, ils ne lui feront entendre ni plaintes ni gémissements pour toucher son cœur; ses yeux ne verront pas leurs maux; mais la foi les lui montrera, les lui fera ressentir avec amertume; elle lui dira les dangers qu'ils courent et qu'ils ne connaissent pas. Alors, éclairé de cette vive lumière, il se prosternera en présence du souverain Maître, et il priera.

Il répandra chaque jour son âme avec confiance aux pieds de sa miséricordieuse bonté. Il lui dira combien le touche le sort éternel de sa tendre mère, de son bon père et de tous ses autres parents, qu'il se fait un devoir de chérir aussi. Sa confiance est grande en la bonté infinie du souverain Maître; il sait qu'il aime à être importuné, et que c'est principalement lorsqu'on persévère à le presser qu'il fait descendre abondamment ses grâces, et qu'il exauce sûrement.

Le bon fils qui aime véritablement ses parents, qui veut les ramener dans les sentiers de la vertu lorsqu'ils ont eu le malheur de s'en écarter, joint encore les prières aux exemples. Rien ne parle au cœur comme les actions; c'est ainsi que l'on devient un digne enfant de Dieu, qu'on lui gagne des âmes; c'est ainsi que la bonne conduite, que la piété porte des fruits dont la suave odeur se répand sur tous ceux qui vous entourent.

Le fils d'un gendarme.

Un jeune homme de Paris, élève des frères des Écoles chrétiennes et fils d'un gendarme, eut le bonheur de faire sa première communion avec une ferveur qui édifia tous ses condisciples et encore plus sa famille. Il persévéra dans la pratique des devoirs que tout chrétien obéissant à la voix de Dieu et de son Église ne manque pas de remplir. Son père, qui servait avec honneur la patrie, mais qui avait oublié une partie de ses devoirs envers le Dieu des armées, en fut tellement touché, qu'il prit la résolution d'imiter son fils. Lorsqu'on lui témoignait de la surprise de l'heureux changement qu'on voyait en lui, il disait : « Mon fils me donne le bon exemple ; c'est à moi de le lui donner. »

Si les enfants savaient combien la religion les rend intéressants, aimables ; quelle force, quelle puissance elle leur donne dans une famille, ils la pratiqueraient et ils entretiendraient la paix, l'amour, la charité ; ils sauveraient leurs parents.

CHAPITRE II

UN ENFANT DOIT PROCURER A SES PARENTS LES SECOURS SPIRITUELS

C'est surtout lorsqu'un membre de la famille est malade qu'un bon fils redouble de vigilance et n'épargne rien pour lui procurer tous les secours de l'art, afin de prolonger des jours qui lui sont si chers, et malgré tout, si la maladie fait des progrès, s'il voit qu'il faut absolument se résoudre à une cruelle séparation, il ne néglige rien pour lui procurer tous les secours spirituels possibles. Accablés par la maladie, nos bons parents n'ont pas assez de liberté d'esprit pour penser aux fins dernières, aux sacrements qui nous ouvrent la porte du ciel. Oh ! alors un fils que la charité anime trouve le moyen de les exhorter à la confiance en Dieu ; il leur parle de ses bontés, de ses miséricordes ; il leur parle des avantages de la vie future. Il appelle auprès d'eux le ministre du Seigneur, qui leur adoucit le passage du temps à l'éternité.

Hélas ! il se trouve de malheureux enfants qui, travaillés par je ne sais quelle fausse timidité, ou par un lâche respect humain, ou même retenus par une cruelle tendresse qui n'aime que selon la chair, dissimulent le danger, de peur, disent-ils, d'effrayer le malade, et laissent ainsi mourir leurs malheureux parents sans réconciliation, sans sacrements; ils craignent d'effrayer le malade, et ils ne craignent pas de le damner. O aveuglement ! ô cruauté ! Malheureux enfants, est-ce donc là ce qu'avaient droit d'attendre de vous ceux qui vous ont donné la vie !

Les dernières leçons qu'un bon vieillard expirant fait à ses enfants rassemblés sont ordinairement les plus efficaces : elles sont comme le sceau de l'éducation vertueuse qu'il leur a donnée pendant sa vie. Elles doivent toujours être reçues avec un grand respect. Un enfant bien né les imprime fortement dans son esprit et dans son cœur ; il en fait la règle de sa conduite ; il les répète à ses propres enfants ; il leur dit souvent, avec un doux transport, dans les instructions qu'il leur donne : « Voilà ce que mon père m'a recommandé à moi-même dans son dernier moment. » C'est une tradition respectable, qui entretient, échauffe et fait germer les vertus de génération en génération.

Il reste encore un autre devoir qu'un fils bien élevé ne saurait négliger. Après avoir fermé les paupières à ses parents trépassés, après avoir pleuré sur leurs dépouilles mortelles, il exécute ponctuellement, et avec une sorte de scrupule, leurs dernières volontés ; il leur rend les honneurs funèbres comme il convient à leur rang, évitant d'un côté une sordide avarice qui affiche publiquement un manque de respect et d'amour pour ses parents, et de l'autre une pompe fastueuse qui ferait présumer de l'orgueil. Comme il aime ses parents et qu'il sait que tous ceux qui n'ont pas achevé d'expier les fautes échappées à la fragilité humaine sont détenus dans les flammes expiatoires pour satisfaire à la justice divine, il ne manque pas d'offrir à Dieu de ferventes prières pour leur délivrance ; il fait prier pour eux, offrir le saint sacrifice à leur intention pour hâter leur délivrance. « Qui sait, se dit-il, si mon père, ma mère, ne sont pas plongés dans ces lieux d'expiation pour des fautes commises par rapport à moi ; pour avoir usé envers leur enfant d'une trop grande indulgence, pour l'avoir trop aimé ? » Voilà ce que fait un fils éclairé par la foi, et dont le cœur est animé d'une véritable piété filiale.

Anniversaire.

Hélas ! après dix ans je revois la journée
Où l'âme de mon père aux cieux est retournée.

L'heure sonne ; j'écoute... O regrets ! ô douleurs !
Quand cette heure eut sonné je n'avais plus de père :
On retenait mes pas loin du lit funéraire ;
On me disait : « Il dort ; » et je versais des pleurs.
Mais du temple voisin quand la cloche sacrée
Annonça qu'un mortel avait quitté le jour,
Chaque son retentit à mon âme navrée,
Et je crus mourir sans retour.
Tout ce qui m'entourait me racontait ma perte.
Quand la nuit dans les airs jeta son crêpe noir,
Mon père à ses côtés ne me fit plus asseoir,
Et j'attendis en vain, à sa place déserte,
Une tendre caresse et le baiser du soir.
Je voyais l'ombre auguste et chère
M'apparaître toutes les nuits ;
Inconsolable à mes ennuis,
Je pleurais tout le jour, même auprès de ma mère.
Ce long regret, dix ans ne l'ont point adouci ;
Je ne puis voir un fils dans les bras de son père
Sans dire en soupirant : « J'avais un père aussi ! »
Son image est toujours présente à ma tendresse.
Ah ! quand le pâle automne aura jauni les bois,
O mon père ! je veux promener ma tristesse
Aux lieux où je te vis pour la dernière fois.
Sur ces bords que la Seine arrose,
J'irai chercher l'asile où ta cendre repose :
J'irai d'une modeste fleur
Orner ta tombe respectée,
Et sur la pierre encor de larmes humectée
Redire ce chant de douleur.

MILLEVOYE.

Ce que peut l'exemple d'un père.

Une dame vertueuse avait un fils qu'elle fit instruire et qu'elle éleva avec les plus grands soins ; Dieu bénit ses efforts : la piété du fils égala bientôt celle de la mère. Le jour vint où ce cher enfant devait faire sa première communion. On le vit s'avancer vers l'autel avec la piété, le recueillement des anges. La douce joie du ciel rayonnait sur son front, et des larmes de bonheur coulaient de ses yeux. Depuis ce jour il fit des progrès consolants dans cette tendre piété qu'il aimait à pratiquer. Mais à l'âge de dix-sept ans environ il commença à se relâcher, et finit bientôt par ne plus fréquenter les sacrements. Sa pieuse mère ne tarda pas à s'en apercevoir ; elle en fut fort alarmée. Elle le surveilla, l'étudia, tâcha d'en deviner la cause ; toutes ses recherches furent inutiles. Il ne fréquentait pas de mauvaise compagnie, n'avait pas de mauvais penchants, ne faisait pas de mauvaises lectures... Navrée de douleur, elle entre un jour dans la chambre de son fils, et là, donnant un libre cours à ses larmes, elle le conjure de lui faire connaître la cause de son changement de conduite. « Mais, maman, répondit l'enfant étonné, vous vous alarmez inutilement, je suis toujours le même, je vous aime toujours avec la même affection. — Mon fils, répondit-elle en sanglotant, vous feignez de ne pas me comprendre ; non, je ne me plains pas de votre affection... ; mais Dieu ne pourrait-il pas se plaindre de vous ? Ah ! je vous en conjure, dites-moi pourquoi vous avez changé à son égard. — Mais, maman... — Mon fils, vous ne pouvez me tromper à ce sujet ; de grâce, au nom de ma tendresse et de la vôtre, dites-moi le secret de votre cœur. » Le jeune homme baisse la tête et garde le silence. La mère redouble ses larmes et ses prières ; enfin son fils, attendri, ému, : « Puisque vous l'exigez, dit-il, je ne vous cacherai rien. Je l'avoue, instruit par vos douces leçons et surtout par vos exemples, j'aimai d'abord la religion, j'en pratiquai les devoirs avec franchise, avec plaisir, avec bonheur. Je fus surtout heureux, oh ! oui, bien heureux à l'époque de ma première communion et de celles qui la suivirent immédiatement ; mais depuis... j'ai réfléchi... Maman, je vous aime bien, de tout mon cœur ; mais vous n'êtes plus mon modèle.... Je veux imiter mon père. Tout le monde l'honore, l'estime et le recherche, je voudrais lui ressembler... Et je sais que mon père ne pratique pas la religion comme vous... Peut-être n'aurait-il pas les mêmes égards pour moi si... D'ailleurs mon père est instruit ; il est incapable d'agir contre sa conscience : voilà pourquoi je voudrais, sans vous alarmer, devenir peu à peu semblable à lui. — Ah ! mon fils, s'écria la mère, quelle révélation ! Non, je ne vous dirai rien ; mais, je vous en conjure, restez dans votre chambre. » Après ces mots entrecoupés, elle sort et se rend dans l'appartement de son époux, qu'elle épouvante de ses cris de douleur. Il cherche à la calmer, à connaître la cause de ses larmes ; elle ne peut que lui dire : « Ah ! Monsieur, votre fils !... » Et elle s'évanouit dans ses bras. De prompts secours lui sont donnés, elle reprend un peu de forces, et raconte en pleurant la scène qui vient de déchirer son cœur. A ce récit inattendu, le père demeure immobile de stupeur. Bientôt ses larmes coulent en abondance. « Où est mon fils ? s'écria-t-il. — Je l'ai laissé dans sa chambre, le cher enfant. — Viens, suis-moi. » Ils se rendent ensemble à l'appartement du jeune homme ; le père s'arrête sur le seuil : « O mon fils ! dit-il en poussant des soupirs, qu'il est pénible à un père de s'accuser devant son enfant ! Oui, je suis coupable, mon ami, ta mère m'a tout raconté. Mais n'accuse pas ma foi, elle est restée pure et entière dans mon cœur. Un malheureux respect humain m'a empêché de conformer ma conduite à ma croyance. Hélas ! je n'avais pas pensé que mes exemples dussent être si pernicieux pour toi. Mais, mon fils, la leçon est trop forte, tu me rends à la vertu, à la religion ; tu viens de m'éclairer et de me rendre mon courage. Viens, je veux te rendre ta piété... Embrasse-moi et pardonne... Quel est ton père spirituel ?... Je veux qu'il soit aussi le mien. Allons lui faire ensemble, toi l'aveu de ta faiblesse, et moi l'aveu de mon crime. » Sur-le-champ ils allèrent ensemble au tribunal de la pénitence, et la piété de la famille ne se démentit plus dans la suite.

AUTRES EXEMPLES

Si ma pauvre mère le savait !

Il y a quelques années, dit l'abbé Hoffmann, dans la semaine qui suit les fêtes de Pâques, je reçus la visite d'un grand et beau cavalier. Sans presque s'être donné le temps de saluer, il me dit d'un ton brusque et militaire : « Monsieur l'abbé, il faut que je fasse mes Pâques ! » Je regarde : de grosses larmes roulaient dans ses yeux, qui semblaient déjà avoir beaucoup pleuré. Je convins avec lui de l'heure et du lieu où il me trouverait... Le lendemain il fut fidèle au pieux rendez-vous, et le jour suivant je le vis approcher de la sainte table avec un recueillement qui fit sensation dans le public. Quelques jours après il vint au presbytère; il me dit qu'il n'avait plus que deux ans à rester au régiment, et qu'il venait me demander si, pour le salut de son âme, il ne ferait pas bien de quitter la carrière militaire. La question méritait un peu de réflexion; pour m'éclairer moi-même, je le priai de m'expliquer simplement, comme à un camarade, par quelle voie il était arrivé à une résolution si subite, si extraordinaire. Sans hésiter un seul instant, il me dit : « C'est la sainte Vierge qui a fait cela ! Oui ! répéta-t-il, c'est elle qui a fait cela, et voici comment : voyez-vous, j'ai de bons parents, ma mère surtout, elle m'aimait tant ! Comme elle a pleuré quand j'ai dû la quitter ! Alors elle me prit en secret et me dit : « Jean, tu vas partir; mais écoute, tu n'ou-« blieras pas ta religion, je prierai pour toi, et pour que je sois « sûre que tu penseras chaque jour au bon Dieu, à la sainte Vierge « et à ta mère, jure-moi ici que jamais tu n'iras te coucher sans « dire la belle prière à la sainte Vierge que je t'ai apprise dans « ton enfance, et que nous récitons chaque soir en famille. » Je le promis de bon cœur. Il y a de cela cinq ans. Pendant tout ce temps je n'ai pas manqué une seule fois à ma parole : quand même j'étais revenu le soir dissipé, fatigué, mauvais sujet, même en état d'ivresse, je récitais néanmoins ma prière, et je n'aurais jamais osé me coucher sans l'avoir faite. Vous pouvez penser, monsieur l'abbé, comme j'ai vécu. *Ah! si ma pauvre mère le savait!* Faible et crédule, je suivais l'exemple des méchants; je sentais bien que chaque jour je devenais pire; aussi j'étais mécontent de moi; je pensais souvent à ma mère, à notre prière du soir; je me reprochais d'avoir oublié mes devoirs, et cependant je n'osais changer de vie. Mais dernièrement, c'était le jour des Rameaux, étant occupé à préparer mon cheval pour aller à la manœuvre, j'entends sonner le dernier coup pour la grand'-messe. Que cette sonnerie me fit impression ! Je pleurai de colère et de repentir! Je me dis presque tout haut : Tiens, si tu étais comme tant d'autres bons chrétiens, tu pourrais aussi, à cette heure, faire tes Pâques; mais non, tu n'en es pas digne... J'ai pleuré un moment, puis je me dis : Eh bien ! je ne veux plus vivre comme cela; je ferai encore mes pâques cette année, et je voudrais voir qui m'en empêchera! Depuis ce moment, c'était fini, ma résolution était prise, et la prière de ma mère me touchait tellement au vif, que je ne pouvais presque plus la faire. Je n'avais plus qu'un souci : mes pâques. Pour m'y préparer, je commençai par ne plus fréquenter les mauvaises sociétés; je gardai mes sous pour m'acheter d'abord un livre de prières, puis un chapelet; il y avait bien longtemps que je ne l'avais dit. » O salutaire et douce influence de l'amour maternel ! le digne soldat me dit : « Je viendrai encore à vous ! je veux retourner à la maison de mes parents tel que j'en suis sorti, afin que je n'aie pas à rougir devant ma mère... » Et il reçut une seconde fois les sacrements. Il revint me faire ses adieux ; je l'embrassai, et lui remis en souvenir une petite médaille de la sainte Vierge en lui disant : « N'oubliez pas que c'est Marie *qui a fait cela.* — Oh ! non, mon père, me dit-il, je n'oublierai ni vous, ni Marie, *qui a fait cela,* ni ma mère, qui a tant prié pour moi; et, par reconnaissance pour elle, dès ce moment je vais redoubler de zèle et de ferveur pour que le bon Dieu la mette dans son paradis quand il jugera à propos de m'en priver ; c'est ce que je vais lui promettre dans quelques jours en l'embrassant avec la plus tendre affection. »

Chaise à porteurs.

C'est principalement dans la vieillesse, ou lorsqu'ils sont faibles ou infirmes, que les parents ont besoin du secours de leurs enfants; c'est alors que ceux-ci doivent redoubler de zèle et d'affection.

Une pauvre veuve, souffrante et infirme, était privée depuis bien longtemps du plaisir si pur de prendre part au culte public, qui était un besoin pour son âme pieuse. Souvent, lorsque le dimanche arrivait, elle disait à ses deux fils : « Combien je serais heureuse s'il m'était possible d'assister aujourd'hui à l'église ! mais je suis faible et infirme, et la distance est trop grande d'ici au village pour que je puisse y aller à pied. » En disant ces mots, la bonne femme était triste ; car elle sentait le prix des réunions religieuses, et elle éprouvait un pressant besoin de s'y rendre. Ses deux fils, qu'elle avait élevés dans la crainte de Dieu, et qui cherchaient par tous les moyens possibles à lui prouver leur amour filial, se concertèrent ensemble pour satisfaire son pieux désir. Ils ajustèrent deux pièces de bois à un fauteuil, en firent ainsi une espèce de chaise à porteurs, y placèrent leur mère, et la transportèrent eux-mêmes à l'église, qui était éloignée de près d'une lieue; car ils habitaient une ferme écartée, située sur le penchant de la montagne. Tous les assistants furent touchés de la piété de la mère et du dévouement de ses enfants. On sema des fleurs sur leur route, et ces fleurs devinrent l'image des bénédictions que Dieu répandit lui-même sur cette intéressante famille.

Un remède de graisse humaine.

Un homme qui s'est enrichi à force de tromper et de faire des injustices peut quelquefois s'applaudir d'avoir su bien *faire ses affaires,* comme on dit dans le monde; mais, chers amis, il viendra un moment où il ne sera pas tout à fait si heureux, sans compter l'éternité de supplices qui l'attend, s'il ne restitue pas. Écoutez une intéressante histoire à ce sujet.

Un homme fort riche, que je ne vous nommerai pas par charité, tomba dangereusement malade; c'était à la fin du siècle dernier. Déjà la gangrène s'était mise dans ses plaies, et tout le monde voyait bien qu'il n'en reviendrait pas. Toute sa fortune avait été acquise par des injustices et des concussions criantes, et pourtant il ne voulait pas entendre parler de restitution, sous prétexte que ses trois enfants seraient réduits à la misère. On en parla à un savant et pieux ecclésiastique, qui dit à quelqu'un: « Allez donc lui annoncer que j'ai un remède pour guérir la gangrène, et je suis sûr qu'il me fera demander. » En effet, aussitôt qu'on lui eut dit qu'un pieux prêtre avait un remède infaillible pour guérir la gangrène, il voulut absolument le voir. « On m'a dit, monsieur l'abbé, que vous connaissiez un remède sûr pour guérir la gangrène. — C'est vrai, Monsieur, j'ai dit cela; ce remède est infaillible; il ne vous fera point souffrir, il est très simple; mais il coûte extraordinairement cher. — N'importe; quand même il coûterait dix mille francs, je suis résolu à l'employer. En quoi consiste-t-il? — Le voici: Il suffit de faire fondre sur la plaie gangrénée un peu de graisse humaine d'une personne vivante. Il n'en faut pas beaucoup, de sorte que, pour dix mille francs, vous trouverez sans doute quelqu'un qui consentira à se laisser brûler une main, par exemple, durant un petit quart d'heure. — Hélas! monsieur l'abbé, je crains bien de ne trouver personne à ce prix-là. — Eh bien! alors, voici une chose qui me semble facile à faire, pour trouver quelqu'un qui consente à cela. Vous avez trois fils qui vous aiment bien; faites venir l'aîné et dites-lui : « Mon fils, je ne doute pas de ton affection pour moi; aussi je veux te faire l'héritier de tous mes biens, si tu consens à m'en donner une dernière marque. Il s'agit de te laisser brûler la main gauche durant un petit quart d'heure, afin que la graisse qui en découlera me guérisse de la gangrène. » S'il vous refuse cette marque de tendresse, vous ferez la même proposition au second, et, en cas de refus, au troisième; il y en aura bien un sur trois qui acceptera, pour avoir votre héritage et ne pas être réduit à la misère. » Le malade suivit ce sage conseil et fit venir successivement, et un à un, ses trois fils; mais, hélas! aucun ne consentit à ce que leur père voulait. Ils ne purent même s'empêcher de dire entre eux : *Est-il drôle, notre père, de nous demander cela!* Alors l'adroit ecclésiastique, resté seul auprès du moribond, lui dit avec beaucoup de force et de zèle : « Quoi! Monsieur, ne seriez-vous pas bien insensé de consentir à endurer le feu de l'enfer durant toute l'éternité, pour enrichir des enfants qui ne veulent pas même se laisser brûler une main pendant un quart d'heure pour l'amour de vous? Convenez que ce serait une véritable folie, dont ils se moqueraient tout les premiers. — Vous avez bien raison, monsieur l'abbé, et je vous avoue que je n'y songeais pas. Ainsi je vous prie de ne pas vous en aller que je ne me sois confessé, et que je n'aie pris les moyens de réparer toutes les injustices que j'ai pu commettre. » Il le fit, chers amis, et il mourut réconcilié avec Dieu. — Lassausse.

Piété d'une petite fille récompensée.

Un père était très dangereusement malade. Il avait une fille âgée d'environ huit ans, qui avait bien profité des instructions qu'elle avait entendues au catéchisme. Se trouvant seule avec son père, elle lui dit : « Papa, papa, tu es bien malade, le médecin a dit que tu mourras peut-être demain. Maman est dans sa chambre, qui pleure; on la console. J'ai entendu dire, au catéchisme, à M. le curé, que c'est un très grand péché de laisser mourir les malades sans confession; personne n'ose te dire qu'il faut que tu te confesses... — Je te remercie, lui dit-il; va, mon enfant, va tout de suite chercher M. le curé. Que le Seigneur te bénisse; je te devrai mon salut... » Le curé vint et administra le malade, qui mourut le lendemain. Il avait dit plusieurs fois, après avoir reçu les sacrements : « Sans ma petite, sans ma chère enfant, qu'allais-je devenir? »

Derniers adieux.

Dans le courant de l'hiver de 1824, raconte un digne et pieux ecclésiastique, je fus appelé pour une jeune personne attaquée des écrouelles. Elle demeurait chez sa mère, femme d'environ cinquante ans, et veuve depuis plusieurs années. Ayant appris que celle-ci ne fréquentait pas les sacrements, je lui parlai plusieurs fois à ce sujet, et toujours inutilement; bientôt même elle évita de me rencontrer, et eut soin de se retirer dans une chambre aussitôt que j'entrais dans la maison. Cependant la jeune malade voyait sa fin approcher, et n'en paraissait nullement émue. On eût dit que la mort, dont elle parlait souvent, n'avait pour elle aucune amertume. Un jour, après l'avoir confessée, et au moment où j'allais me retirer, elle me pria de dire à sa mère de venir auprès d'elle, et de ne pas m'éloigner moi-même. Cette femme, étant rentrée, fut bien étonnée de voir sa fille en pleurs; c'était contre son habitude, car elle avait ordinairement l'air fort gai, malgré ses souffrances. « Pourquoi donc ces larmes, ma chère fille? lui dit-elle; est-ce que tu perds courage, après avoir eu tant de patience jusqu'ici? — Non, ma mère, non..., mais c'est que je dois aujourd'hui vous faire mes adieux. Ah! qu'ils sont douloureux!— Mais pourquoi n'es-tu donc plus aussi résignée? — Hélas! dit-elle, pourquoi?... Parce que ces adieux seront éternels! — Que dis-tu là, ma fille? mais non. — Pardon, ma mère, les adieux que je vous fais en ce jour sont éternels. Vous et moi nous ne suivons pas la même route. En m'approchant des sacrements, je marche dans la voie que nous a tracée notre sainte religion, et j'espère le bonheur qu'elle promet. Quant à vous, pauvre mère, comme vous vous en éloignez, vous ne pouvez y prétendre. Nous n'aboutirons donc pas au même terme!... » Elle prononça ces paroles d'une voix forte, et qui marquait son agitation. Cependant, témoin de cette scène, à laquelle je ne m'attendais pas, et qu'il m'eût été impossible de prévoir, je ne pouvais retenir ma surprise. Le visage de la mère avait changé de couleur, elle paraissait émue. Alors la jeune fille expirante sembla réunir toutes ses forces, et se soulevant péniblement sur ses coudes : « Adieu, s'écria-t-elle, ma mère! ma chère mère! je ne vous verrai donc plus!... Adieu, mère, adieu! A jamais nous serons séparées!... oui, à jamais!... » A ces mots, la mère tomba évanouie. Quelques moments après, s'étant un peu remise, elle se lève et s'approche du lit : « Non, ma fille, dit-elle tout en larmes, non, nous ne serons pas séparées! Console-toi, mon enfant; j'ai été ta mère, tu es aujourd'hui la mienne; j'irai me confesser; je serai désormais une bonne catholique, dans mes actions comme dans mes sentiments. Monsieur, ajouta-t-elle en se tournant de mon côté, voulez-vous m'entendre dès aujourd'hui? Il faut que je donne cette consolation à ma chère enfant avant qu'elle rende le dernier soupir; il faut du moins qu'elle voie que j'ai commencé. » Je lui assignai une heure dans la soirée; elle fut fidèle à sa promesse. Cet heureux changement combla de joie la jeune fille, qui mourut quelques jours après, en ne s'occupant plus que du ciel, où elle avait enfin le doux espoir de se trouver avec sa mère. GUILLOIS.

Sacrifice héroïque.

Non loin de Valognes, département de la Manche, se trouve le vaste et antique château d'Étienville, appartenant à M. Levaillant de Folleville. Le fils aîné de celui-ci trouva des goûts sérieux sur une tombe, celle de la pieuse Louise de Caraby, baronne d'Orglaude. Il édifia successivement les écoles, les séminaires, et, prêtre, il alla signaler son zèle à Paris. Sa charité s'étendait à tout le monde, mais surtout aux ouvriers et aux pauvres.

Pendant que, vicaire d'une des principales paroisses de la capitale, il donnait tout son temps aux travaux du ministère, on lui apporta une lettre timbrée du pays natal. C'était l'écriture de sa mère, c'était le douloureux récit des malheurs de la contrée. Le typhus décimait la population. La terrible maladie était dans la paroisse d'Étienville, dans les fermes, au manoir. Pour soigner les malades, il n'y avait plus que Mme de Folleville et une vieille servante. Tout le reste de la maison et du voisinage était sur un lit de douleur.

Connaissant le courage et la bonté de son fils, la comtesse de Folleville le priait de venir à son secours. Voilà l'abbé Levaillant près du lit de son père. Quel spectacle déchirant pour un tendre fils! M. de Folleville est à l'agonie, et, dans son délire, il appelle ce même enfant qui est près de lui et qu'il ne reconnaît plus. On vient mettre le comble à l'émotion du bon prêtre : les autres malades sont aussi dans un état alarmant. Alors, n'écoutant que l'inspiration de sa tendresse, il s'écrie : « O mon Dieu! je ne suis qu'un serviteur inutile; si le sacrifice de ma vie peut arracher tant de victimes, et surtout mon père, qui est si utile à ma mère, à mes frères, à mes sœurs, si jeunes encore, acceptez mon offre, j'expirerai content! »

Les fatigues d'un voyage précipité, l'inquiétude, la vue de tant de souffrances, avaient indisposé l'ecclésiastique généreux. Mme de Folleville s'en aperçut, et se hâta de l'envoyer prendre quelque repos. Mais le mal s'aggrave, tandis que tous les autres se trouvent mieux et entrent en convalescence. Tous les soins qu'on donna à l'abbé Levaillant furent inutiles. On profita d'un moment lucide pour lui administrer les secours religieux. Il les reçut avec la ferveur d'un ange. Il apprit que son père était hors de danger, que les autres malades étaient sauvés. Un sourire céleste fit éclater sa satisfaction; il mourut en bénissant Dieu de l'avoir exaucé.

La tombe révérée.

Un habitant des campagnes se plaignait au jeune Anacharsis et aux compagnons de ses voyages des inondations qui emportaient quelquefois sa récolte. « Nous lui demandâmes, racontent les voyageurs, pourquoi il n'avait pas fixé sa demeure dans un canton moins sujet à de pareils accidents. — On m'a souvent proposé des échanges avantageux, répondit-il, et vous allez voir pourquoi je les ai refusés. » Il ouvrit à ce moment la porte d'une enceinte, où nous trouvâmes un gazon entouré de cyprès. « Voici les tombeaux de ma famille, nous dit-il. Là même, sous ces pavots, je vis creuser la fosse où mon père fut déposé, à côté de celle de ma mère. Je viens quelquefois m'entretenir avec eux : je crois les voir, les entendre; non, je n'abandonnerai jamais cette terre sacrée! Mon fils, dit-il ensuite au jeune enfant qui le suivait, après ma mort vous me placerez auprès des auteurs de nos jours, et quand vous aurez le malheur de perdre votre mère, vous la mettrez à côté de moi; souvenez-vous-en. » Son fils le promit en versant des larmes en abondance.

Un Enfant au tombeau de sa mère.

Ma mère, il m'en souvient, à ton heure dernière,
Quand le froid de la tombe allait saisir ton corps,
Quand ton œil sans regard, qui voilait ta paupière,
S'en allait chez les morts;

Tu me disais : « Enfant, je vais rendre mon âme
Au Dieu puissant et fort qui m'a donné le jour.
Mon cœur, qu'a consumé cette divine flamme,
Va quitter ce séjour.

Que ton âme à ce Dieu s'élève blanche et pure
Que ton cœur innocent conserve sa candeur!
Comme s'élève un lis, amour de la nature,
Tout brillant de fraîcheur.

L'enfant qui sent sa loi, sous son aile prospère.
Par la douleur, mon fils, s'il vient briser ton cœur,
C'est que celui qui souffre au nom de ce bon père
Est l'enfant du bonheur.

Abandonné de tous, isolé sur la terre,
Qui guiderait tes pas dans ce monde pervers,
Sans Celui qu'en mourant implore encor ta mère,
Le Dieu de l'univers? »

Ton âme avec sa voix s'envola de ce monde;
Son souffle s'éteignit dans ton dernier soupir.
Je restai seul ici : dans ma douleur profonde
Je désirai mourir.

J'ai commencé ma vie au sein de la misère;
Dans les bras du malheur j'ai traîné tous mes jours;
Mais les conseils pieux que me donna ma mère
M'ont soutenu toujours.

La tourbe des méchants, assiégeant mon enfance,
A ses banquets impurs voulut me faire asseoir :
« Accours, me disait-elle, au sein de l'abondance
Te bercer chaque soir.

De plaisirs enchanteurs vidons la coupe pleine;
De l'ivresse épuisons le charme tout-puissant;
Puis, quand viendra la mort refroidir notre haleine,
Nous irons au néant. »

J'ai vu la mort venir les glacer d'épouvante;
Leurs fronts, chargés d'ennuis, se dressaient à moitié
Ils regardaient le ciel, et leur voix défaillante,
Râlant, disait : « Pitié! »

Sur leur cœur fatigué pesait leur infamie,
Le linceul du trépas leur montrait l'avenir;
Le tombeau, qu'entr'ouvrait leur pénible agonie
Un Dieu pour les punir.

J'ai détourné mes pas de leur sentier immonde;
J'ai marché sans amis, courbé sous la douleur,
Sur les pas du Sauveur qui préserve le monde
De l'éternel malheur.

Sous un maître pieux j'ai formé ma jeunesse;
Il avait pour amis la vertu, le savoir :
Ma mère, en ses leçons j'ai trouvé la tendresse,
Ton amour du devoir.

Cet homme, à tous utile, aimait surtout l'enfance :
Il consacrait les jours que Dieu nous a donnés
A semer dans nos cœurs l'amour de la science;
Ses soins sont couronnés.

Dans le temple sacré, quand m'a pris la souffrance,
J'ai répandu mon cœur aux pieds de l'Éternel;
Le Seigneur à mon âme a donné l'espérance
A l'ombre de l'autel.

De mon cœur, chaque jour, je donne les prémices
A Celui qui voulait près de lui les enfants;
L'étude de sa loi fait toutes mes délices
En dépit des méchants.

Il est puissant ce Dieu qui de son souffle efface
Les complots qu'a tramés l'impie en son orgueil.
Et le pervers n'a pas encor marqué sa place,
Que s'ouvre le cercueil.

Le bonheur est à toi, saint enfant, cœur candide;
Va déposer ta peine au sein de l'Éternel :
Il écoute les vœux de celui qui se guide
Sur son code immortel.

PRADELLE.

DIALOGUE

SUR

LES SECOURS SPIRITUELS DUS PAR LES ENFANTS A LEURS PARENTS

PERSONNAGES

JOSÉPHINE, ANNA, FLORESTAN, AUGUSTIN, PHILIPPE, FRÈRES ET SŒURS

FLORESTAN. — Depuis deux jours tu ne nous as point parlé de M. Belleville : tu es allée pourtant, je le pense, visiter ses enfants plusieurs fois; c'est pour ce motif, sans doute, que c'est à peine si nous t'apercevons. Eh bien! comment va cet excellent homme? Que peux-tu nous en apprendre? quelles sont les nouvelles de son état?

JOSÉPHINE. — Les meilleures du monde : Mme Belleville est dans le ravissement, les enfants ne se sentent pas de joie; mais c'est une joie toute chrétienne, ce sont de continuelles actions de grâces rendues à Dieu. Les médecins ont déclaré aujourd'hui que M. Belleville était tout à fait hors de danger, et que même sa convalescence ne serait pas très longue. Maintenant, disent-ils, nous ne doutons pas que ce digne père ne soit conservé à ses chers enfants.

FLORESTAN. — Ah! ah! les médecins ont dit cela et déclaré cela aujourd'hui seulement? c'est bizarre! Est-ce qu'il faudrait croire que je suis encore plus fameux médecin qu'eux, sans avoir pris de grade dans aucune faculté? C'est possible! puisque j'ai dit et déclaré cela il y a sept à huit jours; vous le rappelez-vous?

PHILIPPE. — Oui, oui, nous nous le rappelons.

FLORESTAN. — Mais voilà qui est drôle ! si j'allais me trouver médecin sans le savoir.

ANNA. — En attendant les cures merveilleuses de Florestan, réjouissons-nous du rétablissement heureux, et presque inespéré, du père de nos plus intimes amis.

AUGUSTIN. — Oui, inespéré ! je l'avais entendu dire par d'autres que par toi ; mais vois-tu, ma bonne sœur, les hommes ont beau être habiles et clairvoyants, ils ont beau parler, beau condamner avec toute l'autorité que donne l'expérience et le savoir, ceux que Dieu protège reviennent de loin : sa puissance et sa bonté les retireraient des ombres de la mort.

JOSÉPHINE. — Quoi qu'il en soit, cette maladie qui vient de causer de si vives et de si cruelles inquiétudes a mis en évidence les qualités du cœur de Joseph et de Caroline, qualités qui jusqu'alors n'étaient guère connues que des familiers et des intimes de cette maison respectable.

ANNA. — C'est vrai ; mais aussi il n'y a plus de toutes parts qu'une voix pour proclamer qu'il serait impossible de porter plus loin le dévouement, le zèle et l'exactitude dans les soins que réclame l'état d'un malade.

PHILIPPE. — La conduite que viennent de tenir ces deux enfants est un heureux présage de ce qu'ils feront plus tard en toute circonstance et dans quelque position que se trouvent leurs parents. Sans doute en ce moment ils sont au-dessus du besoin ; mais qui de nous pourrait répondre de l'avenir ? Des revers, des accidents imprévus, de grandes catastrophes peuvent les mettre au niveau des gens les plus malheureux : c'est une supposition qui, je l'espère, ne se réalisera point, mais que justifie l'expérience de chaque jour ; toutefois, s'ils en étaient réduits là, je suis bien persuadé que leurs enfants, tels que nous les connaissons, viendraient à leur secours avec générosité et dévouement. Ils leur donneraient toute l'assistance qui dépendrait d'eux, et cela quand bien même leur détresse devrait se prolonger jusque dans la plus extrême vieillesse, et au milieu des souffrances et des infirmités. Voilà ce que je pense ; et vous autres, de votre côté, quels sont vos sentiments ?

AUGUSTIN. — Tu sais bien que nous pensons exactement la même chose.

PHILIPPE. — Et toi, Joséphine, tu ne dis mot.

JOSÉPHINE. — Ah! vois-tu, c'est que je réfléchis.

PHILIPPE. — Et quel est le résultat de tes réflexions?

JOSÉPHINE. — Le voici. Non seulement je suis convaincue que Caroline et Joseph feraient sans hésiter, ou, mieux encore, avec ardeur tout ce que vous dites et tout ce que vous pensez d'eux, mais je crois qu'ils iraient encore plus loin.

FLORESTAN. — Comment! encore plus loin? Et jusqu'où pourraient-ils aller? Que peut faire de plus celui qui, pour soulager les siens, donne tout ce qu'il a, et se donne en quelque sorte lui-même?

JOSÉPHINE. — Je suis parfaitement de ton avis pour tout ce qui concerne les secours corporels; mais avec les sentiments de foi, avec la piété sincère qui caractérisent nos jeunes amis, je mets hors de doute qu'ils ne s'en tiendraient pas là. Si nos parents ont droit à notre aide, à notre assistance, à nos secours dans leurs infirmités, dans leurs souffrances, dans leur vieillesse, en un mot, dans tout ce qui se rapporte à la vie corporelle, crois-tu que Joseph et sa sœur n'auraient pas plus d'empressement encore à leur procurer tous les secours spirituels nécessaires à un chrétien?

AUGUSTIN. — C'est parfaitement juste : l'homme est composé d'un corps et d'une âme; si l'on prend soin du corps, doit-on négliger l'âme? l'âme, qui est immortelle, destinée à retourner à Dieu, mais qui n'entrera dans la gloire qu'autant qu'elle sera purifiée de toutes ses taches.

ANNA. — Je comprends à merveille la pensée de ma chère Joséphine; tous les hommes, quels qu'ils soient, ont besoin de secours spirituels, et sont dans l'obligation de se les procurer réciproquement, les pauvres aussi bien que les riches, les savants aussi bien que les ignorants, les pères et les mères aussi bien que leurs enfants. Et si cette obligation est imposée à l'égard du prochain en général, elle devient plus rigoureuse encore lorsqu'il s'agit de ceux dont nous tenons la naissance.

FLORESTAN. — Mais en quoi consistent précisément ces secours spirituels, et de quelle manière doit-on les donner? c'est que je ne vois pas d'une manière bien claire; je me trouverais fort embarrassé s'il me fallait dire tout de suite en quoi je pourrais secourir spirituellement mon père ou ma mère.

PHILIPPE. — Cet embarras, mon ami, te vient de ce qu'étant bien jeune, tu n'as pas encore réfléchi sur ce devoir qui est l'objet de notre entretien, et dont, sans t'en douter, tu accomplis tous les jours, et même plusieurs fois par jour, une partie essentielle.

FLORESTAN. — Ah çà! par exemple, prétendrais-tu savoir mieux que moi ce que je fais, et ce dont je suis capable?

PHILIPPE. — Certainement; et pour te le prouver, je n'ai qu'un mot à te dire : est-ce que dans tes prières du matin et du soir, pendant la sainte messe, ou lorsque tu vas, à d'autres instants, à l'église, tu n'invoques pas Dieu en faveur de nos chers parents? est-ce que tu ne le supplies pas de répandre sur eux ses grâces et ses dons, de prolonger leur existence, et de les récompenser de tous les bienfaits dont ils nous comblent sans cesse, en les admettant à la fin de leur carrière dans les splendeurs de sa gloire?

FLORESTAN. — Mais si, mais si, mon frère; si, mon cher Philippe, je fais tout cela, et je ne me lasse pas, je ne me lasserai jamais de le faire; cela me paraît si raisonnable, si juste, que je ne pourrais pas comprendre qu'il en fût autrement, et que si je ne le faisais pas, je trouverais très naturel que l'on me regardât comme un mauvais fils, comme un enfant ingrat, et par cela même indigne des bénédictions de Dieu, de la tendresse et des bienfaits de nos chers et bien-aimés parents.

PHILIPPE. — Eh bien! ces prières adressées chaque jour au Ciel, ces prières faites avec ferveur, avec un vif désir d'être entendu, ces vœux du cœur sont précisément une assistance spirituelle, et Dieu se plaît à les exaucer, parce qu'ils viennent d'un cœur sincère, d'un cœur pur et innocent.

FLORESTAN. — A merveille, mon ami; grâce à ton explication, je comprends très bien à cette heure. Ah! ah! c'est alors que je serai désormais plus assidu, plus fervent dans mes prières; j'aime tant mon père, j'aime tant ma mère! j'éprouve un désir si pressant et si vif qu'ils soient heureux, qu'ils soient très heureux!

JOSÉPHINE. — Permets-moi d'ajouter, Philippe, que les secours spirituels que nous donnons à notre prochain en général, ou à nos parents en particulier, ne se bornent pas à intéresser le Ciel en leur faveur par nos prières. C'est principalement lorsqu'ils sont accablés par l'âge, c'est surtout dans les maladies graves, dans la maladie qui, d'après les apparences, sera la dernière pour eux, que nous devons être attentifs, dévoués, et veiller à ce que, lors de ce passage du monde à l'éternité, ils reçoivent les consolations de la religion, et soient munis de tous les sacrements de l'Église. Que de parents auront été redevables de leur salut éternel au soin et à la vigilance avec lesquels leurs enfants auront accompli ce devoir ! Vous comprenez, mes amis, que je ne parle en ce moment que d'une manière générale, et que je ne prétends pas faire à notre famille l'application de ce que je dis : nous avons des parents si exacts à s'acquitter de tout ce que l'Église prescrit aux fidèles, que la tâche que nous aurons à remplir auprès d'eux à leur moment suprême nous serait extrêmement facile.

Anna. — Ce n'est pas moi qui te contredirai : tes paroles sont trop d'accord avec mes sentiments; toutefois je te ferai remarquer qu'il peut arriver aux personnes même les plus régulières et les plus exactes d'avoir besoin, dans une maladie qui peut être mortelle, que ceux qui les entourent soient attentifs et vigilants, et ne se laissent arrêter, en cette circonstance, dans le service spirituel qu'ils ont à rendre à leurs parents ni par le respect humain, ni par aucune autre considération. Quand on est en proie à de vives douleurs, abattu par le mal, quand l'esprit n'a pas toute sa liberté, quand quelquefois même on se fait illusion sur son état, c'est alors que la piété filiale doit faire entendre sa voix; on serait digne de blâme si l'on craignait d'effrayer, en parlant des derniers secours de la religion, ceux que menace le danger. Cette crainte serait-elle fondée, il faudrait la surmonter avec générosité, avec courage, tout en se conformant aux règles de la prudence et de la charité.

Joséphine. — On doit d'autant plus s'armer de cette force et de cette générosité chrétiennes, qu'il s'agit alors de l'affaire la plus importante : la voix d'un enfant qui comprend ses devoirs, en cet instant solennel et décisif, peut donner un habitant de plus au ciel.

Philippe. — Quand un enfant a eu le malheur de perdre son père ou sa mère, et même tous les deux successivement, il trouve du moins un grand allégement à ses douleurs, de bien précieuses consolations, en songeant qu'ils sont morts en paix avec Dieu, et qu'ils ont échangé les misères et les peines de cette vie pour les joies et les biens d'un monde meilleur.

FLORESTAN. — Que la pensée contraire serait pénible et déchirante! Que, par un motif, quel qu'il soit (il ne saurait être d'ailleurs que condamnable), un père, une mère, quittent la terre sans avoir reçu les derniers secours de la religion, il en naîtra nécessairement des regrets et des remords pour l'enfant, qui pourra se dire à lui-même : C'est ma faute! Si je suis dans une cruelle incertitude sur leur salut éternel, c'est que j'ai résisté aux prescriptions de l'Église, qui m'ordonnait de parler, de parler sans faiblesse, sans crainte, avec un saint courage. La reconnaissance, la nature, la foi, Dieu, m'avaient placé comme une sentinelle au chevet d'un mourant; j'ai manqué à mon devoir, je n'ai pas crié au moment du danger, et si une âme qui m'est chère a péri pour l'éternité, cette âme ne verra jamais la face de Dieu, et je ne puis que m'en prendre à moi-même, qu'à mon insouciance, qu'à ma pusillanimité, qu'à une fausse tendresse.

AUGUSTIN. — Quel malheur! quel épouvantable malheur de contribuer ainsi à la perte d'une âme qui doit être chère à tant de titres! Est-ce de la sorte que l'on récompense tant de soins, tant de sacrifices, tant d'amour, dont on a été l'objet? Un enfant à qui on peut avec raison adresser ce reproche ne montre-t-il pas qu'il a étouffé dans son cœur les sentiments les plus sacrés de la nature, que la foi ne vit pas en lui, et qu'il est indocile et rebelle à la voix de Dieu?

ANNA. — Philippe vient de parler de la tendresse mal entendue et de la crainte qui pourraient réduire des enfants au silence, dans ces dernières heures qu'il est si important de mettre à profit. Ne devraient-ils pas savoir que la plus grande marque d'intérêt et d'amour qu'ils puissent donner à leurs parents, le témoignage le plus certain de leur gratitude que ces parents ont droit d'attendre, c'est de les réconcilier avec Dieu, et de leur procurer la possession des biens du ciel? Que craindraient-ils donc, et quelles considérations pourraient leur fermer la bouche? Une consolante expérience prouve qu'en parlant de Dieu, de sa miséricorde, de la nécessité de la confession, à un malade, on ne hâte pas son dernier moment, mais qu'au contraire il arrive souvent que par là on le ramène tout à la fois à la santé du corps et de l'âme, en lui rendant la tranquillité, la paix et l'espérance.

FLORESTAN. — Ah bien! mes amis, je ne suis pas mécontent

de notre entretien : il m'a éclairé sur plusieurs points essentiels ; et je voudrais que tous les enfants, ceux surtout qui n'ont pas de notions bien claires et bien précises sur les secours spirituels qu'ils sont obligés de donner à leurs parents, eussent été à portée de vous entendre ; si leurs devoirs ne sont que trop souvent mal observés par eux ou négligés entièrement, c'est qu'ils les ignorent absolument ou qu'ils ne les connaissent que d'une manière insuffisante : ils se font des illusions, ou conçoivent des craintes que dissiperaient promptement les principes que vous venez de développer. Demandons à Dieu qu'il les éclaire, qu'il les instruise, et alors nous verrons la piété filiale briller d'un grand éclat, et produire dans les familles de salutaires et consolants effets.

DE L'UNION
ENTRE LES FRÈRES ET LES SŒURS

CHAPITRE I

IL FAUT AIMER SES FRÈRES ET SŒURS

I. — Aimons nos frères et nos sœurs, c'est un sentiment naturel.

Personne, après notre père et notre mère, ne doit nous être plus cher que nos frères et nos sœurs. L'union des enfants que vit naître et grandir le même toit, et qui furent nourris du même lait, embellit la vie de tant de charmes, qu'on ne saurait jamais trop faire pour la conserver. Non, il n'est pas besoin de prouver à des enfants tant soit peu raisonnables que des frères doivent s'aimer : c'est un sentiment qui naît dans leur cœur et qui se fait sentir comme malgré eux. Quel est, en effet, celui qui, pour peu qu'il soit sensible, ne se sente pas porté à remplir ce devoir si doux, si naturel? Le prophète royal compare cette douceur, cet avantage de l'union fraternelle, à un parfum d'une odeur suave, à la rosée qui fertilise les montagnes.

Caton d'Utique.

On demandait à Caton d'Utique, lorsqu'il n'était encore qu'enfant, quel était son meilleur ami dans le monde. « C'est mon frère, répondit-il. — Eh bien ! quel est celui qui tient le deuxième rang dans votre cœur? — C'est mon frère. — Et le troisième? C'est aussi mon frère. » Il ne cessa de répondre de la même manière que quand on eut cessé de l'interroger. L'âge ne fit qu'accroître cette tendresse qu'il avait pour son frère; il ne le quittait pas, lui obéissait en toute chose, l'accompagnait partout, le consultait dans les affaires importantes. Agé de vingt ans, il n'avait fait aucun voyage, aucun repas hors de la maison sans la compagnie de son frère chéri. Se trouvant en Asie, il apprit qu'il était tombé dangereusement malade à Thessalonique. La saison n'était pas favorable pour la navigation, les vaisseaux disponibles étaient très mauvais; n'importe, il s'embarque pour voir encore une fois son frère. Il aborde sain et sauf, et le trouve expirant. Inconsolable, il se livre à la plus vive douleur, et ordonne qu'on lui fasse de magnifiques funérailles. Il voulut aussi emporter ses cendres avec lui, et comme on lui conseillait de les mettre sur un autre vaisseau : « Je mourrai plutôt que de m'en séparer, » dit-il.

II. — Aimons nos frères et nos sœurs, c'est notre intérêt.

Pourquoi ce bonheur que porte avec soi l'amour des frères et sœurs est-il méconnu par quelques enfants? C'est que l'égoïsme rétrécit leurs cœurs, avilit leurs âmes, et met obstacle à cette union, seule source de la vraie félicité. Et que leur servira tout le reste, si la concorde et la tendre amitié sont bannies de leurs cœurs? C'est ainsi que certains enfants deviennent eux-mêmes les ennemis de leur repos. Souvent une légère concession, un petit sacrifice, ferait jouir des douceurs de la paix, et, plutôt que de s'y résoudre, on livre son âme à la désolation de la haine et de la discorde. On préfère un peu de terre, un peu de métal, quelques pièces d'or, à l'amitié d'un frère; on ne pense pas que la paix de l'âme, qu'elle procure, vaut mieux que tous les biens du monde. Elle ne s'achète pas à prix d'argent; la plus brillante fortune ne la donne pas. Tout ce que l'on obtient aux dépens de l'union fraternelle est toujours acheté trop cher. Hélas! que c'est déplorable, scandaleux, de voir des frères se quereller, s'injurier, être en procès, chercher à se dépouiller mutuellement de leurs biens! Quoi de plus triste encore que de voir des enfants jouissant d'une fortune considérable laisser leurs frères et leurs sœurs dans le dénuement, ou rougir d'eux à cause de leur situation malheureuse! Non, l'enfant qui a un bon cœur n'est pas heureux si son frère ne l'est pas; et il ne peut se réjouir s'il le voit pleurer et en proie à la misère.

Le Frère généreux.

Le fils d'un riche négociant de Londres avait tellement irrité son père par sa conduite tout à fait désordonnée, qu'avant de mourir le vieillard le déshérita en faveur de son aîné. Le jeune libertin, ayant appris cette fâcheuse nouvelle, rentra en lui-même, reconnut ses torts, comprit qu'il avait bien mérité la juste sévérité dont son père avait usé envers lui, et, au lieu de s'en plaindre, il se contenta de dire : « Je l'ai bien mérité. » Son frère, héritier de tous les biens paternels, apprenant la louable modération qu'il avait montrée dans cette circonstance critique et son retour à de meilleures actions, alla le trouver, l'embrassa tendrement, et lui dit ces paroles à jamais mémorables : « Mon frère, par un testament solennel, mon père m'a institué son légataire universel ; mais il n'a eu l'intention d'exclure que l'homme que vous étiez alors, et non celui que vous êtes aujourd'hui : c'est pourquoi je vous rends la part qui vous est due. »

III. — Aimer nos frères et nos sœurs, et abhorrer la jalousie.

Rien de plus doux, rien de plus délicieux, nous dit l'Écriture, que le sort des bons frères vivant sous le même toit dans une parfaite union. Oh ! qu'elle est heureuse, en effet, cette famille que les doux liens de charité unissent ! Là il n'y a qu'un cœur et qu'une âme ; là règnent la paix et la concorde ; c'est vraiment un paradis anticipé. Mais la jalousie, cette funeste passion, vient-elle à franchir le seuil de cette heureuse demeure, pénètre-t-elle dans cette famille heureuse, aussitôt le bonheur et la paix fuient pour faire place à de sombres inquiétudes, aux chagrins, aux noirs soucis. Voyez ces enfants jaloux de quelqu'un de leurs frères ou de leurs sœurs, pour je ne sais quelle cause imaginaire, une prétendue préférence, une amitié qu'ils supposent, ou qui est fondée sur la vertu, mais que leur jalousie qualifie d'injustice et de partialité. Hélas ! dans quel état pitoyable ils sont ! Cette funeste passion les ronge, les déchire, les consume intérieurement ; elle fait des progrès, et la haine, la colère bouillonnent dans leur âme coupable : ils sont dans le trouble de l'agitation, leur figure se contracte, el[illegible] vient pâle, leurs traits se décomposent, leur regard est farouche, ils méditent la vengeance, peut-être le crime !... Heureux si, comme Caïn, ils n'en viennent pas aux épouvantables effets.

Si vous saviez, chers amis, à quels excès, à quels crimes porte le démon de la jalousie, lorsqu'il a une fois accès dans le cœur d'une personne, vous feriez certainement tous vos efforts pour ne jamais le laisser pénétrer dans le vôtre. Si vous voyez que vos frères sont plus aimés que vous, n'en soyez pas jaloux, attachez-vous à imiter leur bonne conduite et à vous faire aimer comme eux. Si vous étiez, au contraire, l'objet de leur jalousie, s'ils vous maltraitaient, s'ils vous haïssaient, parce que votre conduite est meilleure que la leur, ne répondez à leur haine et à leurs mauvais traitements que par de nouvelles marques d'amitié.

AUTRES EXEMPLES

La Ruine.

Deux sœurs s'étant prises de jalousie à l'occasion du partage des biens de leurs parents, qui venaient de mourir, se livraient chaque jour aux excès les plus déplorables l'une contre l'autre; c'étaient des paroles mordantes, des injures, des menaces, des querelles continuelles : de telle sorte que leur commune habitation était une vraie image de l'enfer. Il fallut se séparer; mais ne pouvant s'accorder pour le partage, et ne voulant entendre à aucun accommodement amiable, malgré les bons avis qu'on leur donnait à ce sujet, il fallut avoir recours aux tribunaux. La sentence qui plaisait à l'une irritait l'autre, qui en appelait; enfin, de procès en procès, elles virent tout leur avoir se dissiper en frais, se trouvèrent réduites à la dernière indigence, et tombèrent dans le mépris vis-à-vis de tous leurs voisins : juste punition d'une animosité aussi contraire aux intérêts du temps qu'à ceux de l'éternité.

La Part inégale.

Deux frères réunis depuis leur tendre enfance ne s'étaient jamais séparés; tous deux s'établirent, et vécurent encore longtemps sans qu'il s'élevât la moindre contrariété, le moindre différend. La femme de l'aîné avait des enfants, et l'autre n'en avait pas : c'est ce qui troubla la paix. La première avait l'humeur un peu difficile; l'autre sentait ses avantages, en ce que, depuis leur établissement, on avait toujours vécu en communauté, sans partager les profits qu'on avait pu faire, dans une métairie qu'ils faisaient valoir en commun. On vit donc la nécessité de se séparer. On fit les partages en présence des femmes et des enfants. Les deux frères versaient des larmes. Le cadet choisit sa part, et dit : « Je la prends; mais elle est incomplète. — Elle l'est, mon ami, dit l'aîné, tu le sais bien. — Je le sais, et je vois qu'elle n'est pas égale, et qu'il n'y a pas ce que j'aime le plus... Ah! crois-tu, bon frère, que moi qui n'ai pas d'enfants, je puisse voir diviser nos biens sans partager aussi la famille? Je veux la moitié de tous tes enfants. Ils sont au nombre de dix; j'en ai choisi cinq, et ce sont les plus jeunes; et ce à quoi je m'engage, ma femme le veut comme moi. » Le ton qu'il prit en disant cela, la conviction avec laquelle il s'exprima, l'impression qu'il fit, changea l'intérêt en une scène admirable; tous s'embrassèrent, et la paix fut rétablie pour jamais dans cette charmante famille.

FIN

16143. — Tours, impr. Mame.

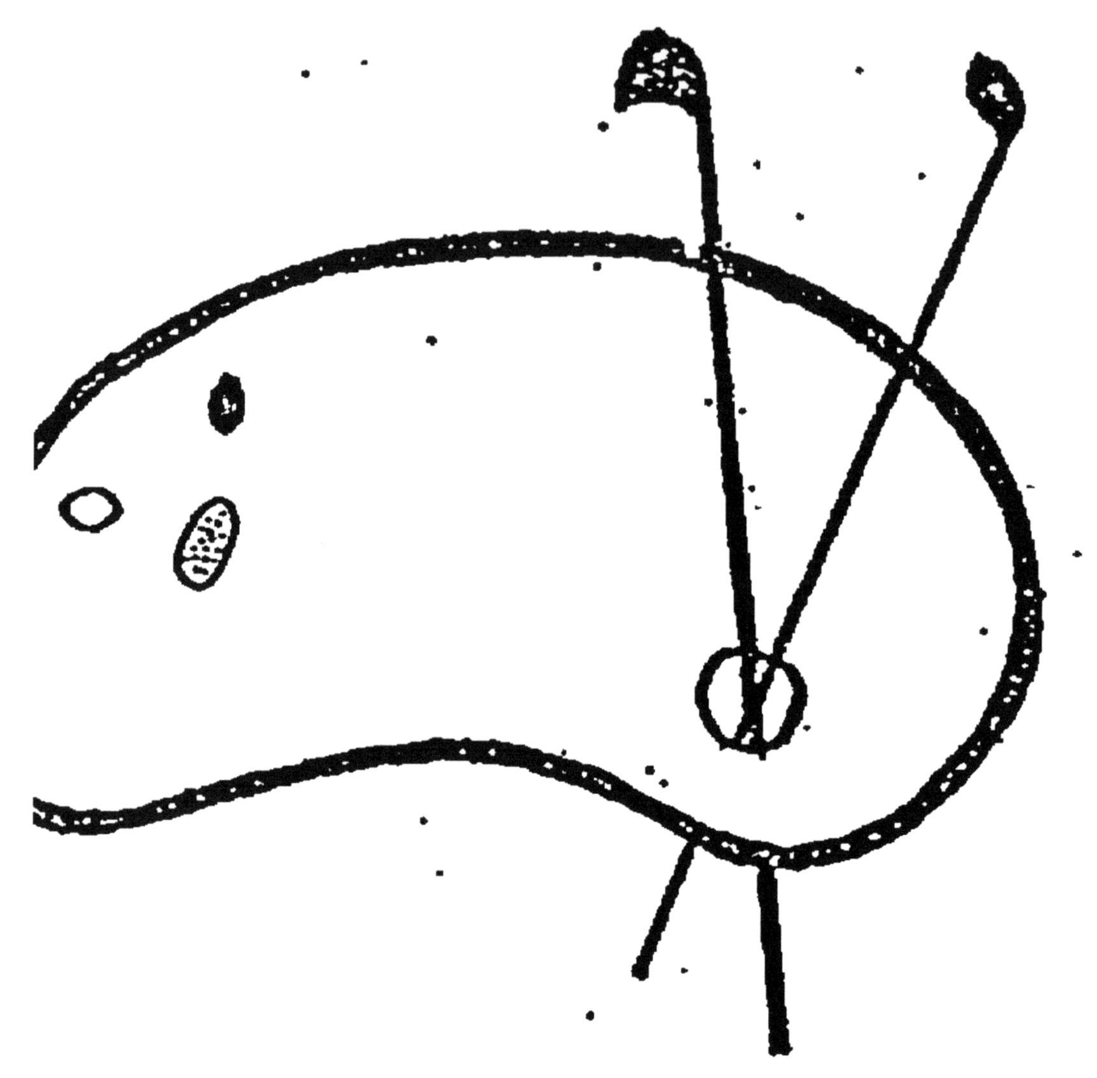

www.ingramcontent.com/pod-product-compliance
Ingram Content Group UK Ltd.
Pitfield, Milton Keynes, MK11 3LW, UK
UKHW021051200726
13857UKWH00003B/882